Die besten Gartentipps aus Omas Zeiten

Text: Bernhard Serexhe, Ingrid Pfendtner,
Dagmar Fronius-Gaier (Gartenkalender)
Chefredaktion: Evelyn Boos
Redaktion: Lea Hoy
Produktion: Johannes Buchmann
Titelabbildungen: StockFood (auch hinten),
mauritius images (Oma)
Umschlaggestaltung: X-Design, München
Layout unter Verwendung grafischer Elemente von
IMSI USA, Novato, CA

ISBN 978-3-8174-9205-3
381749205/1

Besuchen Sie uns im Internet: www.compact-via.de

Inhalt

Vorwort

„Die dümmsten Bauern haben die dicksten Kartoffeln." Wer hat nicht schon über die seltsame Logik dieser oft zitierten Bauernweisheit nachgedacht, die allen Bemühungen um einen guten Ernteertrag hohnzulachen scheint. Denn diese Regel besagt ja nichts anderes, als dass ein fleißiger Bauer mit Erfahrung und dem Wissen um das Wachsen und Gedeihen der Pflanzen und Früchte in Feld und Garten am Ende das Nachsehen hat.

Und dies bedeutet letztlich, dass die Natur sich nicht beeinflussen lässt und die Kartoffeln so wachsen, wie sie wollen. Das scheint aber offensichtlich nicht der Fall zu sein. Denn warum werden sonst alljährlich Tausende von Tonnen Kunstdünger über die Felder geschüttet, warum werden Kartoffel-käfer und Krautfäule mit radikalsten chemischen Schädlings-bekämpfungsmitteln weggespritzt? Doch wohl deshalb, um den Ernteertrag zu steigern, um billig und schnell Lebensmit-tel für eine Massenernährung zu produzieren.

Jeder kennt aber auch die Kehrseite der Medaille: Überpro-duktion mit der Folge, dass Unmengen von Ernteerzeugnis-sen vernichtet werden müssen, oder immer neue Schlagzei-len über Schadstoffrückstände in Obst und Gemüse. Vorbei die Zeiten, als man den Apfel vom Baum pflückte und ohne Sorge um seine Gesundheit an Ort und Stelle verspeiste oder sich den Maiskolben frisch vom Feld schmecken ließ.

Dass es auch anders geht, möchte dieser Ratgeber beweisen! Er nennt praktische Ratschläge und eine Fülle von Tipps und Tricks, wie man mit einfachsten und völlig natürlichen Mit-teln viel Freude und auch gute Erträge in seinem Garten ha-ben kann. Beispielsweise mit gesunden Düngemaßnahmen und einer wirksamen biologischen Schädlingsbekämpfung, die nur dem Schädling, nicht aber gleichzeitig noch einer Reihe von Nützlingen den Garaus macht. Wenn Sie diese Ratschläge praktizieren, mögen Sie vielleicht nicht die größ-ten Kartoffeln ernten, dafür aber wirklich gesundes Obst und Gemüse, und Sie werden sich an größerer Blütenpracht und einem besseren Entfalten Ihrer Zimmerpflanzen erfreuen können. Zwei Zugeständnisse an unsere Zeit heute machen wir jedoch: Zum einen ist es die Verwendung von Vlies bzw. Folien. In Einzelfällen ist der Vorteil so groß, dass wir darauf nicht verzichten mögen. Das andere ist das Mulchen, das früher nicht üblich war. Stattdessen wurde der Boden sehr häufig gehackt und die frisch gehackte Erde wirkte wie eine Mulchschicht. Die Wirkung ist vergleichbar, nur der Arbeits-aufwand war beim Hacken ungleich höher als beim heuti-gem Mulchen.

Entdecken Sie Ihren Garten als ein kleines Paradies, in dem alles in Einklang mit der Natur wächst und gedeiht!

Allgemeine Gartentipps

Abdecken

Das Abdecken ist als Schutz gegen Frost bei manchen Pflanzen, etwa mehrjährigen Stauden und Gehölzen sowie Jungpflanzen, notwendig. Am besten eignen sich luftdurchlässige Materialien wie Tannen- oder Kiefernreisig oder Sackleinen. Auf keinen Fall sollte faulendes Material genommen werden, auch Mist und Torfmull sind ungeeignet.

Abdeckvlies

Federleichtes Abdeckvlies wird über die Aussaaten gelegt. Es schafft ein gutes Mikroklima und fördert das Wachstum, weil es die Sonnenenergie speichert und Luft, Licht und Wasser durchlässt, man muss es zum Gießen nicht entfernen. Gleichzeitig schützt Abdeckvlies vor Kälte, Hitze, Sturm und Wildfraß.

Abfälle

Die meisten Abfälle aus dem Garten und der Küche eignen sich zur Kompostbereitung (s. Kompost, S. 36). Das gilt nicht für Unkräuter mit Samen sowie kranke Pflanzen und auch nicht für Zitrusschalen in größeren Mengen, verschimmelte Lebensmittel, gekochte Speisereste, Knochen, Käse und andere Milchprodukte und nur eingeschränkt für Fleisch und Fisch. Die Schale von gespritztem Obst darf natürlich auch nicht kompostiert werden.

Ackerdisteln

Ackerdisteln zeigen tiefen, lockeren, lehmigen und guten Boden an. Sie lassen sich nach Regenfällen mit ihrer gesamten Wurzel herausziehen. Gleiches gilt für Ackerwinde, Wilde Möhre, Gemeine Wegwarte, Rote Taubnessel sowie den Spitzwegerich.

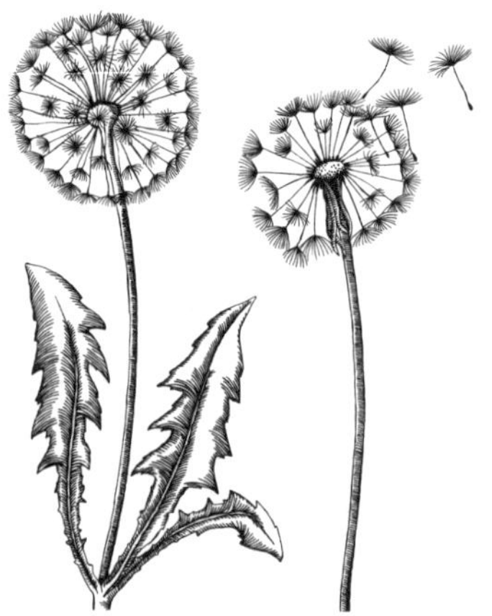

Ackerschachtelhalm

Ackerschachtelhalm weist auf verdichteten, feuchten Lehm- und Tonboden sowie Stickstoffmangel hin. Man verbessert diesen, indem man Mittel zur Lockerung einarbeitet, etwa Sand oder feinen Kies. Auf solchen Böden gedeihen außerdem Kriechender Hahnenfuß, Breitwegerich, Huflattich sowie Löwenzahn und Weißklee. Zubereitungen aus Ackerschachtelhalm dienen der Pflanzenstärkung und Pilzbekämpfung.

Ackersenf

Ackersenf zeigt lockeren, tiefgründigen, kalk- und stickstoffreichen Boden an.

Ackerstiefmütterchen

Ackerstiefmütterchen deuten darauf hin, dass der Boden wenig Kalk enthält. Sie weisen vielmehr auf einen sauren Boden hin wie auch Besenheide, Wiesenmargerite, Ackerminze und Kleiner Sauerampfer.

Ackerwinde

Wo die Ackerwinde wächst, hat man es mit guten, lockeren oder tiefgründigen, kalk- und stickstoffreichen Böden zu tun, die meist keiner weiteren Nährstoffzufuhr bedürfen.

Andrücken

Samen wachsen besser an, wenn man sie nach der Aussaat mit einem Holzbrettchen fest andrückt.

Angerostete Gartengeräte

Rostige Gartengeräte bepinselt man mehrmals mit Petroleum. Der Rost lässt sich dann mit einer Drahtbürste einfacher lösen. Vor Rost schützt das Einreiben der Geräte mit Speck oder einer angewärmten Mischung aus geschmolzenem Speck und Terpentin (3:1) oder auch Bienenwachs.

Asche

Asche von unbehandeltem (Kamin-)Holz kann man in geringen Mengen zum Düngen verwenden und als Zusatzstoff in den Kompost geben. Außerdem eignet sie sich gut dazu, Schnittstellen an Ästen zu desinfizieren.

Aussaat

Die Aussaat darf weder zu trocken noch zu feucht gehalten werden. Deshalb gießt man im Aussaatbeet immer nur die trockenen Stellen, nicht jedoch die feuchten. Besser als Gießen ist das Befeuchten mit einem Wasserzerstäuber oder einer Kanne mit Brauseaufsatz.

Aussaaten in Töpfen oder Schalen im Haus bleiben gleichmäßig warm und feucht, wenn man sie mit einer Glasscheibe abdeckt. Auch fein gehacktes Moos hält die Erde feuchtwarm und verhindert, dass sich Schimmel bildet.

Wenn sich die Sämlinge zeigen, muss regelmäßig gelüftet werden, später wird die Abdeckung ganz entfernt.

Aussaat- und Anzuchterde

Beste Aussaaterde ist die Erde von Maulwurfshügeln. Sie ist sehr feinkrümelig und relativ keimfrei.

Aussaaterde wird keimfrei, wenn man sie bei 150 °C für etwa 30 Minuten in den Backofen schiebt.

Gemüse keimt besonders gut auf Fichtennadelkompost, der mit etwas Sand vermischt wurde.

Aussäen

Aussäen von sehr feinem Samen ist einfacher, wenn man ihn gut mit etwas Sand vermischt.

Badewannen

Alte Badewannen, die man in den Boden eingräbt, eignen sich sehr gut als Froschtümpel. Da der Rand aber glatt ist, sollte man an einer Seite eine Schicht mit Steinen anlegen,

sodass eine Art Brücke entsteht, über die die Frösche in die Wanne hinein- und wieder herausgelangen können.

Balkonpflanzen

Balkonpflanzen in Kästen, Kübeln oder Trögen trocknen im Sommer besonders schnell aus. Sie müssen daher wesentlich häufiger als Zimmerpflanzen gegossen werden. Tonscherben über den Abzugslöchern verbessern das Ablaufen des Wassers und verhindern Staunässe.

Die Pflanzen entwickeln sich besser und blühen wieder, wenn man verwelkte Blüten und vertrocknete Blätter regelmäßig entfernt.

Barbarazweige

Barbarazweige, die an Weihnachten blühen sollen, schneidet man am Barbaratag, dies ist der 4. Dezember. Man stellt die Zweige von (Zier-)Kirschen-, Apfel-, Pflaumen- oder Pfirsichbäumen oder auch Forsythienzweige in eine Vase mit lauwarmem Wasser in einem kühlen Zimmer und besprüht sie regelmäßig, damit sie nicht austrocknen. Wenn die Blütenknospen anschwellen, darf das Gießwasser wärmer sein. Eine Woche vor Weihnachten werden die Zweige frisch angeschnitten und kommen in das geheizte Zimmer. Alle ein bis zwei Tage etwas lauwarmes Wasser nachgießen, gut wirkt sich außerdem eine Prise Salz pro Liter Wasser aus.

Baumwürger

Baumwürger sind bis zu 12 m hoch wachsende, sommergrüne Schlingpflanzen, die an sonnigen und schattigen Plätzen gedeihen und Pergolen und Lauben schmücken. Sie bilden allerdings keine Früchte, wenn nicht mindestens eine männliche und eine weibliche Pflanze zusammenstehen. Wenn er an Bäumen schlingt, kann er aber die Rinde einschnüren und tatsächlich den Baum zu Tode würgen.

Beet

Die Breite von Pflanzbeeten sollte 1,20–1,50 m nicht überschreiten, sodass man die Beete von den Gartenwegen aus bearbeiten kann, ohne sie betreten zu müssen.
Eine Einfassung des Beetes erleichtert die Pflege angrenzender Flächen, verhindert das Abtragen der Erde vom Beet und hält Gräser und Unkraut in Grenzen.

BEET NEU ANLEGEN

Für ein neu anzulegendes Beet beginnen im Herbst die Arbeiten: Steine auslesen, Boden lockern und, falls nötig, Sand oder Kompost einarbeiten. Eine Gründüngung ist ideal für die Zeit zwischen Bodenlockerung und Bepflanzung.
Vor der ersten Bepflanzung empfiehlt es sich, zwei bis drei Wochen zu warten. Samen von Unkräutern, die im Boden sind, keimen aus und können noch entfernt werden.

Bienenpflanzen

Die Blüten von sogenannten Bienenpflanzen bilden besonders viel Nektar und locken Bienen an, z.B. Bienenfreund, Mispel, Bartblume, Flieder, Kornblume, Ringelblume, Borretsch, Dill, Kugeldistel, Salbei u.a.

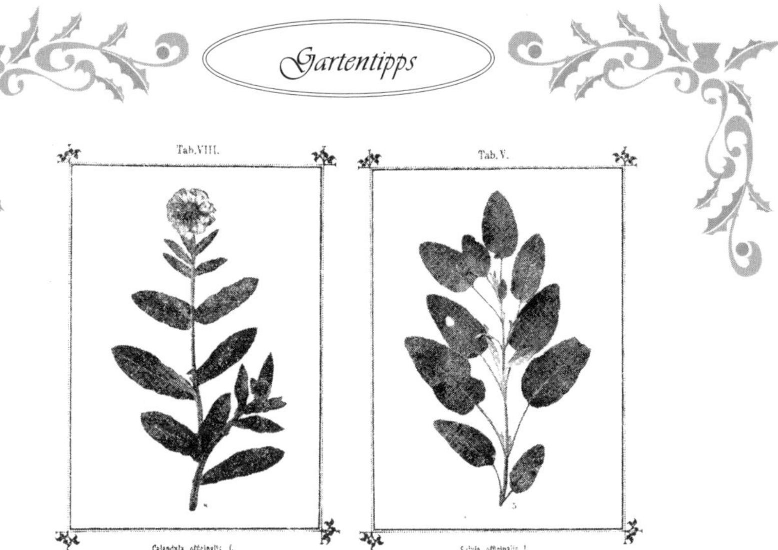

Blühwilligkeit

Pflanzen blühen bereitwilliger, wenn sie ausreichend gegossen und gedüngt werden. Bei Gehölzen, vielen Stauden und manchen Sommerblumen hilft oft ein Rückschnitt. Verwelkte Blüten und Blätter sollten entfernt werden. Auch sind die jeweiligen Ansprüche zu beachten, so brauchen viele Zwiebelblumen eine Zeit der Kälte, andere blühen erst an langen Tagen. Zu Letzteren gehören u. a. Fuchsien, Rittersporn.

Blumenkästen aus Holz

Blumenkästen aus Holz faulen nicht, wenn man sie mit einer Mischung aus Kalkmilch und Leinöl im Verhältnis 1:1 streicht.

Blumentöpfe

Helle Kalkflecken auf Tontöpfen lassen sich durch kräftiges Abbürsten mit Essig leicht entfernen.
Blumentöpfe werden an sonnenbeschienenen Fenstern sehr warm. Hier kann man leicht Abhilfe schaffen, wenn man die Tontöpfe in helle Übertöpfe stellt und diese dann mit Torf ausfüttert.

Bodenarten

Die Bodenart kann man mit der Fingerprobe feststellen: Hierfür verreibt man eine leicht feuchte Probe zwischen den Fingern. Jeder Boden lässt sich durch das Einarbeiten der fehlenden Bestandteile verbessern (s. Bodenpflege und -verbesserung, S. 15 f.).

SANDIGER BODEN

Rieselt die Erde zwischen den Fingern durch und fühlt sie sich körnig an, dann hat man einen leichten, sandigen Boden. Dieser Boden ist einfach zu bearbeiten. Er wird schnell warm, kann viel Wasser aufnehmen und gibt es rasch ab.

MITTELSCHWERER BODEN

Lässt sich die Erde leidlich formen, fühlt sich samtig-mehlig an und haftet in den Fingerrillen fest, dann hat man einen mittelschweren Boden. Diese Böden sind meist tiefgründig und gut mit Nährstoffen und Wärme versorgt.

SCHWERER BODEN

Die Erde eines schweren Bodens glänzt, ist gut formbar und bleibt an den Fingern kleben. Er neigt zu Staunässe, ist kalt, schlecht durchlüftet und schwer zu bearbeiten.

Bodendecker

Bodendecker sind niedrige, in die Breite wachsende Pflanzen, die rasch größere Flächen bedecken. Sie schützen den Boden, unterdrücken Unkräuter und sind meist sehr pflegeleicht.

Bodendeckung

Eine gute Bodendeckung erreicht man durch das Zusammenpflanzen verschiedener miteinander verträglicher Pflanzen auf einem Beet, was man als Mischkultur bezeichnet.
In der Zeit zwischen zwei Pflanzungen wird der Boden mit organischem Material bedeckt, das mit der Zeit verrottet. Es

eignen sich hierfür Rasenschnitt, Blattabfälle, Herbstlaub, abgeerntete Gründüngungspflanzen, aber auch Hornspäne oder dunkle Mulchfolie.

Boden einebnen

Der Boden wird geschickt eingeebnet, indem man den Rechen in verschiedene Richtungen über das Beet zieht, und zwar so lange, bis alle Mulden gefüllt sind.

Bodenfruchtbarkeit

Zum Feststellen der Bodenfruchtbarkeit sind verschiedene einfache und preiswerte Testgeräte im Gartenfachgeschäft erhältlich, die von jedermann benutzt werden können. Bei der Neuanlage eines Gartens empfiehlt sich aber immer eine genauere Bodenuntersuchung durch ein privates Analyselabor.

Bodenmüdigkeit

Wenn nach langjährigem Anbau ein und derselben Art auf einer bestimmten Fläche die Pflanzen nicht mehr richtig gedeihen wollen, so kann dies an der Bodenmüdigkeit liegen. Das kommt häufig vor bei Gemüsearten oder bei Rosen und betrifft oftmals die gesamte Pflanzenfamilie.

Bodenpflege und -verbesserung

STICKSTOFFARME UND TROCKENE BÖDEN

Stickstoffarme Böden verbessert man durch Gründüngung. Hierbei werden, nachdem die Beete abgeerntet sind, Gründüngerpflanzen (z. B. Bitterlupine, bestimmte Kleearten, Luzerne, Wicke) ausgesät. Im Herbst werden die Pflanzen dann einfach mit untergegraben.

Eine starke Austrocknung des Gartenbodens vermeidet man durch Mulchen. Hierbei wird der Boden mit organischem Material wie Stroh, gesundem Laub, Rasenschnitt oder abgemähtem Wiesengras abgedeckt. Bei der Verwendung von

Gras muss darauf geachtet werden, dass es noch nicht geblüht hat.

LEICHTE UND SCHWERE BÖDEN

Leichte, sandhaltige Böden kann man mit Lehm und Kompost aufbessern.
Bei schweren, tonhaltigen Böden arbeitet man Mittel zur Lockerung ein, etwa Sand oder feinen Kies.

SAURE UND ALKALISCHE BÖDEN

Saure Böden verbessert man durch Kalkgaben oder durch den Einsatz stark kalkhaltiger Dünger.
Bei alkalischen Böden setzt man den Kalkgehalt herab, indem man Torf oder sauer wirkende Düngemittel einarbeitet.

Bodensäure

Bei einem sauren Boden liegt der pH-Wert niedriger als 6,0. Auf ihm gedeihen säureliebende Pflanzen wie die Heidekrautgewächse.

Alkalische Böden erreichen einen pH-Wert von über 7,0. Am besten sind neutrale bis leicht saure Böden mit einem pH-Wert von 6,0–7,0. Damit kommen die meisten Gartenpflanzen zurecht.

Böschung

Steile Böschungen sind schwierig zu pflegen. Am besten pflanzt man hier kleine immergrüne Büsche, Bodendecker oder Steingartenpflanzen, die einen geringen Pflegebedarf haben und darüber hinaus durch ihr weit ausgebreitetes Wurzelwerk die Böschung festigen.

Dünger

Dünger ist der Nähr- und Treibstoff der Gartenpflanzen. Im naturnahen Garten kommen Kompost, Mist, Rindenhumus, Gründüngung sowie nährstoffreiche Pflanzenjauchen und Kräuterauszüge zur Verwendung, ansonsten handelsübliche Düngemittel. Gedüngt wird auf einem gelockerten, leicht angefeuchteten Boden, bei bedecktem Himmel und an dem für die Pflanze richtigen Zeitpunkt. Regelmäßige Düngergaben brauchen stark zehrende Gemüsepflanzen und sehr schnell wachsende Zierpflanzen.

Mehrjährige Pflanzen kommen besser über den Winter, wenn sie ab August nicht mehr gedüngt werden.

Feste Dünger werden mit der Hand ausgestreut und mit dem Rechen in den Boden eingearbeitet. Flüssigdünger, Pflanzenjauchen und Kräuterauszüge müssen gut umgerührt werden. Kompost wird nur oberflächlich eingegraben; lediglich in sandigen Böden darf man ihn mit der Grabegabel untergraben.

Eierschalen

Eierschalen lassen sich leicht zerbröckeln, wenn man sie auf einer heißen Herdplatte oder im Backofen erhitzt. Sie geben einen hervorragenden Blumendünger ab, wenn man sie einige Tage im Gießwasser ziehen lässt.

Einjährige Pflanzen

Einjährige Zierpflanzen, Gemüsearten und Kräuter gedeihen am besten, wenn sie an Ort und Stelle gesät werden.

Fässer

In der Mitte durchgesägte Fässer eignen sich sehr gut als Pflanzkübel. Damit sich nach dem Halbieren die Eisenreifen nicht lösen, schlägt man sie mit dem Hammer möglichst fest. Dieser Vorgang sollte besonders im Sommer regelmäßig wiederholt werden. Im Allgemeinen sind solche Fasshälften ziemlich wasserdicht, sodass man in ihnen auch einen Mini-Gartenteich anlegen kann. Bepflanzt man sie jedoch mit Kübelpflanzen, so muss unbedingt ein Ablauf für überschüssiges Gießwasser in den Fassboden gebohrt werden. Fässer, die man als Regentonnen benutzen möchte, werden wieder dicht, wenn man sie durch Auflegen von nassen Säcken quellen lässt. Anschließend gibt man einige Schaufeln Holzasche in das Fass und füllt es möglichst langsam mit Wasser auf. Hierbei werden die Teilchen der Holzasche in die noch undichten Ritzen eingeschwemmt und verstopfen diese.

Feinstrümpfe

Feinstrümpfe eignen sich hervorragend zum schonenden Anbinden von frisch gepflanzten Gehölzen.

Flachwurzler

Flachwurzler breiten ihre Wurzeln flach unter der Bodenoberfläche aus, was eine besondere Vorsicht bei der Bodenbearbeitung und -lockerung erfordert. Hierzu zählen u. a.
Johannisbeeren, Stachelbeeren, Steingartenpflanzen und unter Bäumen etwa Fichte, Tanne, Birke, Felsenbirne, Goldrute,
Berberitze, Magnolie.

Flechtzaun

Flechtzäune sind eine Zierde für jeden natürlichen oder naturnahen Garten. Sie werden aus Kastanien- oder Weiden-
ruten geflochten, wobei Kastanienholz etwa zehn Jahre hält,
Weide drei Jahre. Für Spaliere oder Lauben bindet man die
Äste oben mit Seilen, Efeu, Bast oder jungen Weidenzweigen
zusammen.

Folien

Folien sind eine Errungenschaft der neueren Zeit. Sie erwärmen den Boden, halten die Feuchtigkeit und helfen so im zeitigen Frühjahr, das leere Beet auf die Aussaat vorzubereiten.
Für die Jungpflanzen schneidet man entsprechend Löcher
ein. Später nimmt man bei bedecktem Himmel oder leichtem
Regen die Folie ab, um die Pflanzen abzuhärten. Vorsicht an
sonnigen Tagen, da wird es schnell zu warm unter der Folie.

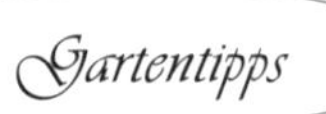

Ein weiteres Manko ist, dass Unkräuter und Pilze unter der Folie gut gedeihen und Schnecken dort gerne unterschlüpfen.

Folientunnel

Folientunnel eignen sich gut zum frühen Auspflanzen von Jungpflanzen. Sie sind preiswert und lassen sich, wenn sie nicht benötigt werden, auf engem Raum gut lagern.
Gießen und Lüften geht leichter, wenn man die Folie hochschiebt und mit Wäscheklammern an den Bügel klemmt.
Gelochte Folien lassen die Luft besser durch.

Forsythienblüte

Die Forsythienblüte zeigt den Frühlingsbeginn an. Bestimmte Gartenarbeiten können jetzt verrichtet werden, etwa Beete vorbereiten, Rosen abhäufeln, Frühbeete einrichten, Stauden und Beerensträucher pflanzen.

Frösche und Kröten

Alle Frösche, Kröten und sonstigen Amphibien stehen unter Naturschutz und dürfen nicht aus der Natur entnommen werden, das gilt auch für ihren Laich. Es würde außerdem ihren sicheren Tod bedeuten, weil sie sich immer bemühen, zu ihrem alten Laichgewässer zurückzugelangen.
Frösche siedeln sich bei naturnah angelegten Teichen oft von selbst an und dürfen dann auch nicht mehr entfernt werden.
Kröten lockt man außerdem mit dichten Hecken, Stein- und Geröllhaufen an. Sie vertilgen zahlreiche (Schad-)Insekten und Schnecken.

FROSCHTEICH, FROSCHTÜMPEL

Im Froschtümpel darf man keine Fische aussetzen, denn sie würden die Froscheier auffressen.
Eine Uferregion sollte flach abfallen, damit Tiere, die ins Wasser gefallen sind, sich retten können.

Vögel nutzen gerne flache Steine oder Äste, um von ihnen aus zu trinken und zu baden. Weil Froschgequake sehr laut sein kann, sollte der Tümpel weit vom Haus entfernt angelegt werden.

Frost

Frost, Schnee, Regen und Hagel können Jungpflanzen nichts anhaben, wenn man ihnen einen im Handel erhältlichen „Hut" oder eine Folienhaube aufsetzt. Alternativ kann man gefährdeten Pflanzen einen Eimer oder eine Glasglocke überstülpen.

FROSTSCHÄDEN

Frostschäden an der Rinde von (Obst-)Bäumen kann man verhindern, indem man einen Kalk- oder Kalk-Lehm-Anstrich anbringt. Die Schäden entstehen durch den starken Temperaturwechsel zwischen sonnigen Tagen, an denen sich die Rinde rasch erwärmt, und frostigen Nächten, die die Rinde gefrieren lassen. Weiß gestrichene Stämme reflektieren die Sonnenstrahlen und verhindern eine schnelle Erwärmung. Frostschäden an Bäumen schneidet man sauber aus und bestreicht sie mit Baumwachs oder anderen Wundverschlussmitteln. Auf diese Weise verhindert man ein Ansiedeln von Schädlingen in den Rissen oder unter den Frostplatten. Erfrorene Triebe sterben ab und müssen ebenfalls sorgfältig entfernt werden. Die Wurzeln empfindlicher Arten schützt man frühzeitig mit einer Laub- oder Reisigabdeckung.

Immergrüne Sträucher können bei gefrorenem Boden nicht genug Wasser über die Wurzeln aufnehmen. Sie verdursten nicht, wenn man sie an frostfreien Tagen kräftig gießt, besonders wenn es längere Zeit nicht geregnet oder geschneit hat.

FROSTSCHUTZ

Neben allgemeinen Maßnahmen, wie dem Anbau angepasster, winterharter Sorten und dem Schutz des Gartengrundstücks durch Hecken oder Mauern, hat sich Abdecken mit Tannenreisig oder Stroh bzw. einem Abdeckvlies bewährt.

Frostschäden an jungen Gehölztrieben verhindert man, indem man die beschädigten, gefrorenen Triebe mit kaltem Wasser überbraust.

Frühe Blüten schützt man vor Frost, indem man sie mit einem feinen Wassernebel übersprüht (Zerstäuber!).

Im Beet schützen große, frostharte Pflanzen als Nachbarn die jungen Keimlinge, so z. B. breitet Frühkohlrabi seine großen Blättern über die Jungpflanze aus oder der schnell wachsende Gelbsenf bildet eine schützende Barriere. (s. auch Nachtfröste, S. 43).

Frühbeet

Wer seine Pflanzen früh ziehen möchte, sät oder pflanzt in ein Frühbeet. Man unterscheidet zwischem dem kalten Kasten, der nur eine geringe Tiefe hat, und dem Mistbeet (s. S. 40 f.) oder warmen Kasten mit einer Tiefe bis zu 50 cm. Im Mistbeet wird die Aussaaterde durch die Verrottung des darunter eingelagerten Mists erwärmt, wobei Pferdemist die beste Wärme abgibt. Die Wärme kommt den Pflanzen zugute. Wer ein wenig geschickt ist, kann sich sein Frühbeet einfach selbst bauen.

Um zu verhindern, dass Frost von der Seite her in das Frühbeet eindringt, schützt man den Rahmen des Frühbeets mit einer dicken Packung aus Mist oder Laub oder man zieht die Erde hoch. Das Beet darf nicht an windigen oder frostgefährdeten Stellen aufgebaut werden. Die niedrige Seite richtet man zum Süden hin aus.

Praktisch ist das Frühbeet in Hausnähe, da man es recht häufig gießen und lüften muss.

Gänseblümchen

Wilde Gänseblümchen müssen kein Unkraut sein. Wer will, kann die Blätter zu einem Salat verarbeiten und mit den essbaren Blüten die Speisen dekorieren. Ziervögel wie Kanarienvögel fressen die Blüten liebend gerne.

Gartenabfälle

Gartenabfälle können zum Mulchen oder für den Kompost verwendet werden. Dabei ist immer darauf zu achten, dass mit ihnen keine Schädlinge oder Krankheitserreger übertragen werden. Das Laub, die Wurzeln und auch die Zweige von erkrankten Pflanzen sollten in die Mülltonne gegeben werden.

Weniger für den Kompost geeignet sind Fichtenholz, Zweige von Lebensbäumen (Thuja) und Scheinzypressen, Kräuter mit Pflanzenschutzwirkung wie Wermut oder Rainfarn, Blätter von Eiche, Kastanie, Birke, Pappel und Nussbaum. Sie enthalten hemmende Inhaltsstoffe oder sind zu sauer. Wurzelunkräuter verrotten nur langsam.

Gartenabfälle zu verbrennen, wie es früher üblich war, ist heute vielerorts untersagt.

Gartenböden

Leichte, sandige Gartenböden kann man durch regelmäßige Humuszufuhr mittels Gründüngung oder mittels Kompost verbessern. Sie reagieren meist sauer. Eine wesentliche Verbesserung der Bodenqualität erreicht man durch regelmäßige Kalkung.

Kalte und feuchte Tonböden verbessert man durch eine reichliche Zufuhr von Sand und durch Düngung in Form von Gründüngung, Kompost oder Stalldung.

Sehr humusreiche Böden reagieren sauer und sind besonders frostempfindlich. Man kann ihre Qualität durch reichliche Zugaben von Sand und Lehm verbessern (s. auch Bodenpflege und -verbesserung, S. 15 f.).

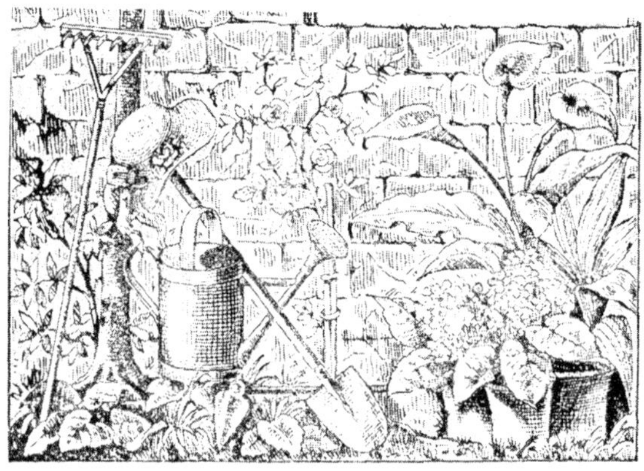

Gartengeräte und -werkzeuge

Gartengeräte sollte man nach dem Arbeiten nicht im Garten lassen, sondern möglichst sofort von anhaftender Erde befreien und trocken aufbewahren. Dabei hilft ein Kratzschuh oder ein keilförmig zugeschnittenes Hartholz. Beides ist schnell zur Hand und beschädigt das Metall nicht.

Den Winter über werden die Gartengeräte in einem trockenen Raum oder Schuppen aufbewahrt, nachdem man ihre

Metallteile mit einem möglichst säurefreien Öl (Paraffinöl) behandelt, mit Petroleum eingepinselt oder mit Speck eingefettet hat (s. auch Angerostete Gartengeräte, S. 9).
Die Holzstiele werden durch Einreiben mit Leinöl oder Fußbodenwachs ebenfalls geschützt. Wenn der Holzstiel wackelt, legt man ihn ins Wasser, bis das Holz so weit gequollen ist, dass die Verbindung zum Metall wieder passt.

Gartenhecken

Gartenhecken schützen den Garten vor Sturm, Frost und Schneeverwehungen. Naturhecken bieten außerdem einen natürlichen Lebensraum für Vögel und allerlei nützliche Kleintiere. Man kann geschnittene oder frei wachsende Hecken anpflanzen.

Gartenschläuche

Gartenschläuche können einfach in alten Autoreifen aufgerollt werden. So sind sie wirksam vor zu starker Sonnenbestrahlung geschützt. Wenn der Schlauch mehrere Tage nicht benutzt wurde, sollte man das erste Wasser besser nicht für Gemüse- oder Kräuterbeete nutzen.

Gartenschuhe

Gartenschuhe, die nass geworden sind, werden nicht hart, wenn man sie mit Sattelfett einreibt. Danach sollte man sie mit Zeitungspapier ausstopfen und trocknen lassen. Aber nicht direkt an Öfen oder Heizkörper stellen, da die Schuhe sonst brüchig werden! Stark verschmutzte Gartenschuhe reinigt man mit Kernseifenschaum und spült sie dann mit klarem Wasser ab. Sie sollten anschließend mit Zeitungspapier ausgestopft und schonend getrocknet werden.

Gartenteich

ANLAGE

Je größer der (Natur-)Teich, umso weniger Probleme macht er. Möchte man Fische auch über den Winter im Gartenteich lassen, so muss er mindestens 80 cm tief sein.

Größte Vorsicht ist angebracht, wenn Kinder in den Garten kommen. Hier immer den Teich abdecken, etwa durch ein Baustahlgitter knapp unter der Oberfläche, oder den Teich umzäunen. Die Ränder des Teiches sollten flach abfallen, sodass in den Teich gefallene Kleintiere wieder herausklettern und Vögel den Teich nutzen können.

OPTIMALE BEPFLANZUNG

Wenn die Sonne den ganzen Tag auf den Teich scheint, erwärmt sich das Wasser zu stark und es kommt zu Sauerstoffmangel. Abhilfe schaffen Röhricht am Ufer, hoch wachsende Stauden rundum sowie Sträucher oder kleine Bäume in der unmittelbaren Umgebung.

Das Zuwuchern von Gartenteichen mit Wasserpflanzen kann man verhindern, indem man die Pflanzen in Pflanzbehälter einsetzt. Die Pflanzbehälter beschwert man mit Kieselsteinen, was das Ausschwemmen der Erde aus dem Behälter unterbindet.

PFLEGE

Das Wasser im Gartenteich bleibt sauber und klar, wenn man öfter ein großes Stück Holz in den Teich legt. Bei hartem Wasser verwendet man Weichholz wie Tanne oder Fichte, bei weichem Wasser nimmt man hingegen Hartholzarten, beispielsweise Eiche. Ist das Wasser im Gartenteich nicht sauer genug, dann bilden sich Fadenalgen. Nachdem man diese mit einem Kescher o. Ä. herausgefischt hat, sorgt man für saures und kalkarmes Wasser, indem man mit Torf gefüllte Säckchen in den Teich einsetzt. Gartenteiche veralgen nicht so schnell, wenn man regelmäßig abgestorbene und verrottete Pflanzen und Falllaub herausfischt. Posthornschnecken fressen Algen. Ein Überlauf beugt Überschwemmungen nach starken Regenfällen vor.

Gartenteich überwintern

Pflanzen und Fische im zugefrorenen Gartenteich überwintern leichter, wenn man durch Einsetzen eines Strohbündels ein Loch in der Eisdecke offen hält. Besser wirken aber innen hohle Halme und Stängel von Sumpf- und Wasserpflanzen, die man über den Winter stehen lässt. Notfalls muss man ein Loch in das Eis schmelzen (nicht hacken!), um den Luftaustausch zu ermöglichen.

Gießen

Gießen bekommt den Pflanzen morgens am besten, allenfalls eignet sich noch der späte Nachmittag. Mittags verdunstet zu viel Wasser und spätabends fördert man Pilzbefall und lockt Schnecken an. Mistbeete werden nur morgens gegossen.

Man gießt direkt in den Wurzelbereich. Blüten sollten nur vorsichtig benetzt werden, da Nässe die Bestäubung verhindert. Die Pflanzen bilden tiefere, bessere Wurzeln, wenn man sie seltener und dafür ausgiebig gießt.

Immergrüne Pflanzen brauchen auch im Winter ausreichend Wasser, insbesondere wenn es längere Zeit nicht geregnet oder geschneit hat. Das Wässern bei frostfreiem Wetter verhindert, dass die Pflanze austrocknet.

Bei Blumenkästen überbrückt man einige Tage Abwesenheit, indem man mit Wasser gefüllte Flaschen kopfüber 5 cm in die Erde des Blumenkastens steckt. Das Wasser sickert nach und nach aus der Flasche in die Erde.

GIESSKANNEN

Gießkannen aus Metall oder Kunststoff gibt es in verschiedenen Größen. Wer nicht so schwer tragen möchte, sollte sich mit einer kleineren Gießkanne begnügen. Er muss dafür aber öfter laufen. Gießkannen hängt man immer mit der Öffnung nach unten auf, damit Restwasser abfließen kann und die Kanne nicht von innen rostet.

GIESSRAND

Zum Gießen von Zimmer- und Balkonpflanzen werden Blumentöpfe oder Kübel nicht bis zum obersten Rand mit Erde gefüllt. Je nach Größe des Gefäßes lässt man oben 1–3 cm Platz, sonst schwappt das Gießwasser schnell über.

GIESSWASSER

Gießwasser bekommt eine angenehme Temperatur, wenn die Kanne gleich nach dem Gießen wieder befüllt wird. Wenn man hartes Wasser hat, setzt sich bis zum nächsten Gießen bereits Kalk ab. Hartes Wasser wird durch Abkochen weich.

Giftpflanzen

Einige beliebte Gartenpflanzen sind giftig. Man sollte beim Arbeiten mit ihnen Handschuhe tragen. Wenn der Verdacht auf eine Vergiftung besteht, sofort einen erfahrenen Arzt aufsuchen und die Pflanze mitnehmen. Als Sofortmaßnahme reichlich Tee, Wasser oder Saft trinken, aber keinesfalls Milch.

Gitter

Gitter lassen sich mit einer Drahtbürste einfach von Rost befreien, wenn man sie vorher mit Petroleum einpinselt und dieses mindestens einen Tag einwirken lässt.

Grabegabeln

Grabegabeln eignen sich vorzüglich zum Lockern und Belüften des Gartenbodens. Man sticht die Gabel ein und bewegt sie ein paarmal hin und her. Im Vergleich zum Hacken wird hier der Boden tiefer gelockert. Außerdem sind Grabegabeln beim Ausgraben von Wurzelunkräutern sowie zum Umsetzen und Einarbeiten von Kompost hilfreich.

Gründüngung

Gründüngung erfolgt, indem man bestimmte Pflanzen aussät und später ins Erdreich einarbeitet. Das verbessert den Boden, beugt Schädlingen und Unkrautbewuchs vor und schützt ansonsten freie Bodenflächen zwischen zwei Bepflanzungen. Schmetterlingsblütler wie Klee, Lupine, Wicke, Serradella oder Esparsette reichern den Boden außerdem mit Stickstoff an.

Gummischläuche

Gummischläuche werden nicht brüchig und bleiben schön biegsam, wenn man sie mit etwas Glyzerin einreibt.

Hacken

Das Hacken des Bodens fördert eine Lockerung der Oberfläche, sorgt für eine bessere Durchlüftung und trägt wesentlich zur Unkrautbekämpfung bei. Außerdem nimmt gelockerter Boden das Wasser besser auf und bleibt auch in der Tiefe feuchter und kühler. Morgens speichert ein gehackter Boden den Tau. Früher kannte man nur Hacken; das Mulchen in der heute empfohlenen Form war unüblich (Mulchen, s. S. 42 f.), ein Abdecken mit einem Vlies gab es nicht

(Abdeckvlies, s. S. 7). Allerdings wirkt eine ständig frisch gehackte Bodenoberfläche wie eine Mulchschicht; man erzielte
damals bei entsprechender Mehrarbeit die gleichen Wirkun-
gen. Heute hackt man v. a., um Pflanzflächen vorzubereiten
und die Oberfläche einzuebnen.

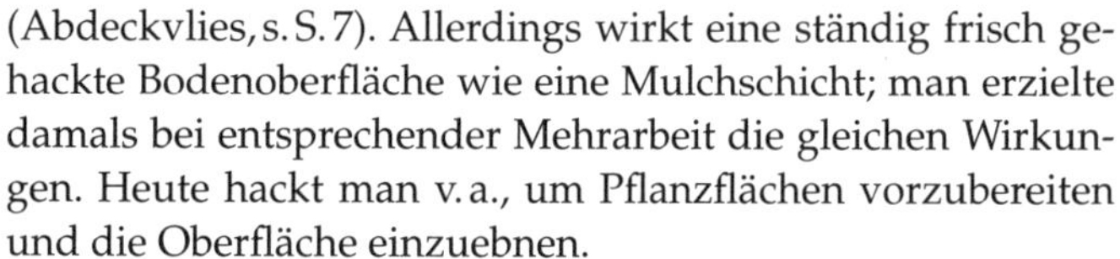

Hagel

Bei Hagel sollte man die Beete abdecken und empfindliche
Pflanzen durch engmaschige Netze schützen. Nach einem Ha-
gelschauer sind beschädigte Pflanzenteile wegzuschneiden.

Heckenschere

Auch eine Heckenschere eignet sich zum Beschneiden von
Rasenkanten. Hier ist nicht immer ein extra Gerät nötig.

Hitzeschäden

Zu viel Hitze schadet den Pflanzen. Das lässt sich durch den
richtigen Standort vermeiden. Abgedeckte und geschützte
Pflanzen unter Glas und Folie müssen ausreichend gelüftet
und schattiert werden.

Hobelspäne und Sägemehl

Hobelspäne und auch Sägemehl eignen sich hervorragend
als Mulchmaterial für Erdbeerbeete. Erdbeeren gedeihen am
besten in lockerer Erde mit mäßig saurem Humus. Die Verrottung der Hobelspäne und ihre Vermischung mit der Erde
schaffen die für die Erdbeeren günstigsten Bedingungen.

Hochbeet

Das Hochbeet ermöglicht ein rückenschonendes Arbeiten.
Es wird wie ein Hügelbeet angelegt, allerdings durch einen
Holzverschlag rundum abgesichert.

Holunderbeeren

Wenn die Holunderbeeren reifen, die Herbstzeitlose blüht und die Schwalben wegziehen, ist die richtige Zeit, um Stauden, Beerensträucher, Zwiebel- und Knollenblumen zu pflanzen und den immergrünen Hecken den letzten Schnitt zu verpassen.

Holzfässer

Holzfässer halten länger, wenn sie innen angeschwelt sind. Dazu wird die Innenfläche mit Brennspiritus angefeuchtet, mit zusammengeknülltem Papier und Holzwolle gefüllt und angezündet. Das Fass beim Schwelen wenden.

Holzkästen

Holzkästen und -tröge für große Balkonpflanzen sind meistens sehr teuer. Man kann sie sich jedoch auch selbst bauen. Hierfür eignen sich am besten Eichenholz oder kesseldruckimprägnierte Hölzer, gebräuchlich sind außerdem einige Nadelhölzer. Robinie ist ebenfalls sehr robust.

Hornspäne und Hornmehl

Hornspäne und das feinere Hornmehl aus vermahlenen Rinderhörnern und -hufen sind ein stickstoffreiches, natürliches Düngemittel für die Pflanzen im Garten und im Haus. Sie sind im Gartenhandel erhältlich, man kann aber auch Rinderhörner, die man über einen Metzger bezieht, mit einer schar-

fen Holzraspel zu feinen Spänen raspeln. Je feiner das Mehl ist, desto schneller können die Pflanzen über den Stickstoff verfügen. Größere Späne kommen auf den Kompost.

Hügelbeete

Hügelbeete bringen besonders reichen Ertrag auf kleinster Fläche und sind gerade im Gemüsegarten von Vorteil. Von unten nach oben haben sie folgenden Aufbau: Äste, Zweige und Schnittabfall werden mit einer Schicht Gartenerde oder Grassoden abgedeckt; hierüber kommt eine Schicht aus Laub, Komposterde und Pflanzenresten, dann Kompost und ganz oben eine etwa 15–20 cm dicke Schicht guter Gartenerde. Gesteins-, Horn- oder Knochenmehl oder Pferdemist dürfen zugesetzt werden.

Ein Hügelbeet erhält die beste Besonnung, wenn es in Nord-Süd-Richtung angelegt ist. Ein Maschendraht auf dem Boden schützt vor Wühlmäusen. Das ursprünglich gut 1 m hohe Hügelbeet sackt bis zum Frühjahr um etwa 30 cm und mehr zusammen. Im zweiten und dritten Jahr werden dabei die meisten Nährstoffe freigesetzt. Es hält etwa fünf bis sechs Jahre.

Hühner- und Vogelmist

Hühnermist darf nicht direkt auf das Beet ausgebracht werden. Er wird schnell hart und kann auf die Pflanzen ätzend wirken. Besser ist es, ihn mit Pflanzenabfällen zu vermengen und auf den Kompost zu geben. Alternativ kann man Vogelmist im Verhältnis 1:50 mit Wasser verdünnen und damit düngen. Nur Mist von artgerecht gehaltenen und gefütterten Tieren verwenden!

Hunde

Hunde können mit ihrem scharfen Urin empfindlichen Pflanzen erheblich schaden. Fremde Hunde haben im Garten schon gar nichts zu suchen. In den allermeisten Fällen verwehrt schon ein einfacher, 50 cm hoher Lattenzaun den Hunden den Zutritt. Von Balkonpflanzentöpfen kann man sie durch Ausstreuen von weißem Pfefferpulver fernhalten. Einige unangenehm riechende Pflanzen sollen Katzen, Hunde und Marder vertreiben, so z. B. die Verpiss-dich-Pflanze, eine Züchtung des Harfenstrauchs.

Jauche

Jauche (Harn von Stalltieren) wird zur Düngung meist nur auf Feldern und Wiesen ausgebracht. Im Garten stinkt sie allzu sehr; für die meisten Gemüsepflanzen ist sie auch zu scharf. Unter Jauchen versteht man aber auch vergorene Pflanzenauszüge. Hierfür übergießt man Pflanzenteile mit Wasser und stellt sie an einem sonnigen Platz offen auf, täglich umrühren. Nach etwa zwei Wochen ist das Gebräu vergoren, die Jauche ist fertig. Durch die Zugabe von Gesteinsmehl bindet man den Geruch.

Joghurtbecher

Joghurtbecher sind ideal zur Jungpflanzenanzucht, wenn man in ihren Boden einige kleine Löcher sticht. Auch Eierkartons eignen sich gut für die Anzucht von Keimlingen.

Jungpflanzen

Jungpflanzen wachsen besser an, wenn man sie mit den Wurzeln in eine stark verdünnte Brennnesseljauche eintaucht

(Pflanzenjauche, s. S. 45 f.). Sie wachsen buschiger, wenn man die Spitzen entfernt, das regt die Verzweigung an.

Kaffeesatz

Kaffeesatz ist ein gutes Bodenlockerungsmittel insbesondere für Wildpflanzen, mediterrane Kräuter und Pflanzen, die einen sauren Boden mögen, etwa Moorbeetpflanzen und auch Rhododendron. Ein kleiner Eimer pro m² reicht als Bodenzusatz.

Kalken

Mit Kalkgaben verbessert man stark saure Böden. Allerdings sind viele Hausgärten eher mit Kalk überversorgt, weshalb man zurückhaltend sein sollte.

Kalkdünger sind z. B. Algenkalk, Gesteinsmehle wie Lava, Granit, Basaltmehl sowie Brannt-, Lösch- oder Hüttenkalk. Gekalkt wird im Herbst, dabei wird der Dünger gut in den Boden eingearbeitet.

Kaltkeimer

Kaltkeimer brauchen für die Keimung einen Kältereiz, so z. B. Stauden-Phlox oder Rittersporn. Man stellt die Aussaat für einige Wochen in die Kälte oder in den Kühlschrank und deckt sie dabei mit Moos ab.

Kaltwasserauszüge

Für einen Kaltwasserauszug werden die frischen Pflanzenteile in kaltem Wasser angesetzt und mehrere Stunden bis zwei Tage stehen gelassen. Danach absieben und sofort verwenden. Um ihre Wirkung zu entfalten, dürfen Kaltwasserauszüge nicht zum Vergären kommen. Die Ansatzzeit für einen Auszug aus fein zerkleinerten Tomatenblättern und ausgegeizten Trieben beträgt etwa drei Stunden, ein Auszug aus Brennnessel (200 g Pflanzenmaterial auf einen Eimer Wasser) lässt man 24 Stunden stehen.

Katzenköpfe aus Karton

Katzenköpfe, die man aus Karton schneidet und mit blinkenden Augen aus Stanniolpapier beklebt, sind ein bewährtes Mittel gegen Vogelfraß an Nutzpflanzen. Man hängt die Katzenköpfe einfach an einem Faden auf, sodass sie sich im Wind bewegen.

Keimlinge, Keimsprossen

Keimlinge von Luzerne, Bockshornklee, Bohnen, Kresse, Leinsamen, Linsen, Mungo, Senf, Weizen und Soja sind eine besonders vitaminhaltige und wohlschmeckende Bereicherung des Speisezettels. Wenn man zum Keimen nicht ein spezielles Keimgerät verwenden will, so dient auch ein großes Einmachglas dazu. Man streut die Samen hinein, gießt Wasser darüber, überspannt das Glas mit einem Gazestoff und lässt die Samen zunächst eine Weile im Wasser quellen. Das Glas stellt man an einen mäßig warmen Ort, wobei man täglich ein- bis zweimal mit frischem Wasser nachspült und das Wasser restlos abgießt. Die besten Keimbedingungen erhält man, wenn man das Glas mit der Öffnung nach unten leicht schräg aufstellt. Die Keimdauer beträgt je nach Temperatur und verwendeter Samenart vier bis acht Tage. Die ideale Temperatur zum Keimen beträgt 20 °C.

Keimprobe

Möchte man wissen, ob der Samen vom Vorjahr noch keimfähig ist, so kann man folgende Keimprobe machen: Man legt einige Samenkörner in eine Schale mit Sand oder Küchenkrepp, besprüht sie mit einem Zerstäuber und deckt die Schale mit einer Folie oder einem Glas ab. Nachdem die meisten Samen gekeimt haben, zählt man den Anteil der noch keimfähigen Samen. Keimen drei Viertel aller Samen, dann lässt sich der Samen gut verwenden; wenn nur die Hälfte der Samen keimt, sollte man entsprechend dichter säen. Wenn aber weniger Samen keimen, empfiehlt sich neues Saatgut.

Kinder

Wenn regelmäßig Kinder in den Garten kommen, sollten alle unnötigen Risiken ausgeschaltet werden. Keine Giftpflanzen, den Teich abdecken, den Garten gut einsehbar halten und ggf. einzelne Ecken mit beweglichen Zaunelementen absichern.

Knochenmehl

Knochenmehl begünstigt die Blütenbildung und verbessert schwere, lehmhaltige und kalte Böden.

Kompost

Komposterde ist wertvoller Dünger und ein hervorragender Bodenverbesserer. Wässrige Auszüge aus reifem Kompost schützen die Pflanzen vor Pilzerkrankungen. Hierzu den Kompost im Verhältnis 1:4 mit Wasser mischen und zehn Tage stehen lassen, häufiger umrühren. Der fertige Auszug wird 1:20 verdünnt etwa alle zwei Wochen ausgebracht. Frischkompost ist schon gut angerottet, aber man sieht noch Reste der ursprünglichen Materialien. Er eignet sich gut zum Mulchen, darf aber nicht auf Saaten und zu Jungpflanzen, auch nicht zum Wurzelgemüse. Reifer Kompost darf nur leicht untergehackt und nie untergegraben werden. Ein Austrocknen des Komposts verhindert man durch eine dünne Mulchschicht. Die Reife des Kompost prüft man mit dem Kressetest (s. S. 38).

Komposthaufen
ANLAGE

Kann man den Komposthaufen nicht in einem leicht schattigen Teil des Gartens anlegen, so muss man ihn an besonders heißen und trockenen Sommertagen gießen. Vor Regen muss er ebenfalls geschützt werden. Für eine schnelle und sorgfältige Verrottung des Komposts sorgen Regenwürmer, Asseln und andere Bodentiere. Die Würmer werden einfach dem Kompost beigemischt; sie verarbeiten die Abfälle zu einem sehr feinen und nährstoffreichen Humus. Außerdem sorgen sie ständig für eine Bodendurchlüftung. Der Kompost wird besonders hochwertig, wenn man zwischen jede Schicht eine dünne Lage aus Blut-, Knochen- oder Hornmehl bzw. Hornspänen streut. Überhaupt ist die Schichtung enorm wichtig. Man achte auf eine gute Durchmischung: Reisig mit Grasschnitt, Heckenschnitt mit frischen Pflanzenteilen, Grünes mit Stroh, Nasses mit Trockenem, Frisches mit Altem. Heilkräuter wie Brennnessel, Beinwell, Ackerschachtelhalm, Ringelblume und Löwenzahn beschleunigen die Verrottung. Pferdemist treibt die Temperatur rasch nach oben. Am Anfang sollte der Haufen zwei- bis dreimal umgesetzt werden, dann kann man ihn ruhen lassen. Luftlöcher beschleunigen den Verrottungsvorgang im Komposthaufen. Wenn man also einen größeren Komposthaufen anlegt, sollte man von Beginn an einige Holzpfähle mit hineinstecken, die man später wieder herauszieht.

PFLEGE

Der Komposthaufen trocknet weniger schnell aus, wenn man ihn mit Gras oder Stroh abdeckt. Man kann ihn auch mit Kürbis- oder Zucchinipflanzen beschatten. Ist der Komposthaufen zu nass, so sticht man zu seiner Belüftung mit der Grabegabel oder auch mit einem angespitzten Stock Löcher hinein. Ein Kastanien- oder Walnussbaum in der unmittelbaren Nähe fördert ebenso wie Holunder die Kompostentwicklung.
Nicht alle Küchen- und Gartenabfälle gehören in den Kompost (s. Abfälle, S. 7 und Gartenabfälle, S. 23). Kartoffelschalen lässt man zunächst in der Sonne trocknen und häckselt sie klein.

STINKENDE KOMPOSTHAUFEN

Stinkende Komposthaufen sind meistens zu feucht und bekommen zu wenig Luft. Die Folge ist, dass die Abfälle verfaulen anstatt zu verrotten. Hier muss möglichst schnell Abhilfe geschaffen werden, am besten durch Umschichten des gesamten Haufens, wobei man mehr trockene Bestandteile wie Stroh hinzugibt. Eine gute Möglichkeit ist auch das Belüften des Komposthaufens durch Einschlagen von Holzpfählen, die man dann wieder herauszieht.

Kressetest

Mit dem Kressetest überprüft man den Kompost. Kompost in eine flache Schale geben, Kressesamen verteilen, befeuchten und mit einer Glasscheibe abdecken. Nach drei bis vier Tagen sollte die Kresse keimen. Sind die Keimlinge nach acht Tagen noch grün, dann ist die Komposterde gut. Verfärben sich die Keimlinge gelb oder braun, dann eignet sich der Kompost nur zum Düngen. Eine Kontrollaussaat auf Krepppapier schließt aus, dass der Kressesamen nicht gut war.

Kübel und Kästen

Kübel und Kästen, die auf dem Balkon, der Terrasse oder im Garten aufgestellt werden, sollte man zum besseren Wasser-

abzug mit einer Dränageschicht aus Blähton oder Kies oder
mit einigen Wasserabzugslöchern versehen.

Lagerung von Saatgut

Eine häufige Ursache für mangelhafte Keimung ist die fal-
sche Lagerung. Alle Sämereien müssen bis zur Aussaat ab-
solut trocken und kühl gelagert werden. In der Gartenlaube
oder im Geräteschuppen ist bei Regen die Luft viel zu feucht.
Das Papier der Samentüten zieht die Feuchtigkeit an und der
Samen verliert sehr schnell an Keimfähigkeit. Am besten eignen sich dicht schließende Gefäße aus Glas, Kunststoff oder
Metall, die in einem kühlen Raum aufbewahrt werden.

Lärmschutz

Eine gewisse Lärmdämmung erreicht man durch die Pflanzung einer Hecke aus immergrünen Arten mit großen Blättern. Gerne wird der Lederblättrige Schneeball verwendet,
der zugleich ein gutes Vogelschutzgehölz ist. Einen besseren
Lärmschutz bietet allerdings eine begrünte Palisade.

Laub

Laub ist ein wertvoller Bestandteil zur Kompostbereitung.
Außerdem ist es ideal zum lockeren Abdecken von frostempf-
findlichen Gehölzen. Abgefallenes Laub, das um den Baumstamm herum zusammengerecht wird, ist der beste Winterschutz. Es wird im Frühjahr leicht in den Boden eingearbeitet
und bildet dort einen wertvollen Humus.
Vom Rasen werden die Blätter natürlich entfernt, weil sich
sonst leicht Kahlstellen bilden. Das aufgerechte Laub kommt
auf den Kompost, sofern es nicht ausschließlich Eichen- oder
Kastanienlaub ist, das nur sehr schwerfällig verrottet und
viel Gerbstoff enthält. In jedem Falle sollte man keine dicken
Laubschichten auf den Kompost geben, sondern das Laub
immer mit anderen Abfällen gemischt kompostieren oder
mit zerkleinertem Reisig auflockern. Laubkompost braucht

etwa ein Jahr zur Verrottung. Straßenlaub gehört nicht in den Kompost, es ist zu sehr belastet.

Leinöl

Leinöl ist ein ungiftiges Anstrichmittel für Holzzäune, Pergolen, Geräteschuppen und die Holzstiele von Gartenwerkzeugen.

Maulwurf

Die Erde von Maulwurfshügeln ist beste Anzuchterde. Hierzu werden im Herbst und Winter die frischen Maulwurfshügel abgetragen und die Erde gut abgedeckt an einem frostfreien Ort aufbewahrt.

Mist

Hitziger Mist von Rind, Pferd, Schaf, Ziege, Kaninchen und Geflügel erwärmt sich beim Verrotten anfangs sehr stark und heizt das Früh- bzw. Mistbeet auf. Rindermist kann in jeden Boden eingearbeitet werden; danach sollte man nur stark zehrende Pflanzen anbauen, nie jedoch Wurzel-, Knollen- oder Zwiebelgemüse! Nur Mist aus ökologischer Tierhaltung verwenden. Wenn der Mist über den Winter zugedeckt aufbewahrt wird, riecht er im Frühjahr nicht mehr so stark und lockt weniger Insekten an.

Mistbeet

Ein Mistbeet gehört in jeden Gemüsegarten. Hierfür hebt man im Herbst eine 50–70 cm tiefe Grube aus, sichert sie mit

einem Gitter oder Maschendraht vor Wühlmäusen und füllt
sie mit Laub. Anfang März wird das Beet gebaut: In die vier
Ecken wird jeweils ein Pfosten eingeschlagen, die Wände aus
Brettern angenagelt und oben ein Fenster mit Scharnieren an-
gebracht. Die niedrigere Seite wird nach Süden ausgerichtet!
Nun wird die Grube mit strohigem Pferdemist gefüllt, der
bereits drei Tage außerhalb des Kastens ablagerte, und das
Fenster geschlossen. Nach drei bis fünf Tagen kann man den
Mist gleichmäßig festtreten. Darauf bringt man eine 20 cm
dicke Schicht Pflanzenerde auf. Gut ist hierfür eine lockere
Mischung aus magerem Kompost, Sand, Laub oder Stroh,
Grünabfällen und alter, abgelagerter Mistbeeterde. Wenn sich
die Erde nach einer gewissen Zeit gesetzt hat, kann das Säen
und Pflanzen beginnen. Je nach Witterung wird der Kasten
schattiert, warm gehalten, die Pflanzen gelüftet und mit lauwarmem Regenwasser gegossen.

Moorbeet

ANLAGE

Moorbeetpflanzen wie z. B. Rhododendron, Azalee, Erika,
Heidel- oder Preiselbeeren können nur auf saurem, feuchtem Boden gedeihen. Für ihre Pflanzung legt man daher ein
Moorbeet an. Man gräbt auf durchlässigem Boden eine etwa
60 cm tiefe Grube, die mit sehr humusreicher Erde (pH-Wert
4,2–5,5) gefüllt wird. Moorbeetpflanzen werden so gesetzt,
dass die höchste Stelle des Ballens mit der Erdoberfläche ab-
schließt.

PFLEGE

Moorbeetpflanzen gedeihen bestens, wenn man im Herbst
Torf oder Waldhumus zwischen ihnen verteilt. Um die
echten Moore zu schonen, sollte der Torf mit Rinden- oder
Laubkompost gestreckt werden. Moorbeetpflanzen sind sehr
salzempfindlich. Sie sollten daher nicht mit üblichen Dün-
gemitteln gedüngt werden, sondern mit Spezialdünger. Sie

gedeihen nicht, wenn sie mit kalkhaltigem Leitungswasser gegossen werden, daher nur enthärtetes Wasser verwenden. Regenwasser bekommt ihnen bestens.

Verfärben sich die Blätter von Moorbeetpflanzen gelb, so ist die Ursache für diese Krankheit (Chlorose) meistens ein zu kalkhaltiger Boden, dessen schädigende Wirkung noch durch Trockenheit verstärkt wird. Das Auftreten der Chlorose deutet entweder auf einen falschen Standort der Pflanzen oder auf zu kalkhaltiges Gießwasser hin. Im Moorbeet sollte auf keinen Fall herumgegangen, gehackt oder gegraben werden. Volle Sonne führt zum schnellen Austrocknen, eine Lage im Halbschatten bekommt den Pflanzen besser.

Mulchen

Mulchen, d. h. die Bodenbedeckung mit organischem Material, ersetzt das frühere stetige Hacken. Die dünne Schicht aus dem allmählich verrottenden Material hält die Erde im Winter warm und verhindert im Sommer eine Überhitzung, außerdem bleibt der Boden feucht und seine Qualität steigt. Zum Mulchen eignen sich Rasenschnitt, Pflanzenabfälle, Kompost, Rindenhumus, Stroh, klein gehäckselte Zweige und mehr. Feiner Mulch lässt sich besser verteilen und verrottet schneller, außerdem bietet er einen angenehmeren Anblick. Ursprüngliche Waldbewohner wie Himbeeren, Brombeeren und Erdbeeren gedeihen besser, wenn sie mit einem Heckenschnitt aus Laub- und Nadelholz gemulcht werden. Rasenschnitt und Krautmulch eignen sich hingegen für Gemüse. Mulch aus Brennnessel und Rasenschnitt liefert zusätzlichen Stickstoff, Beinwell und Farnblätter geben Kalium ab.

Mutterboden

Mutterboden ist der natürlich gewachsene Boden. Bei Neubauten wird der Mutterboden vor dem Ausheben der Baugrube abgetragen. Mit ihm lässt sich später schnell wieder ein bepflanzbarer Boden erreichen.

Nachbar

Ein gutes nachbarschaftliches Verhältnis ist viel wert. Unnötigen Zwist vermeidet man, indem man die Grenzabstände von Bäumen und Sträuchern beachtet, den Komposthaufen nicht neben Nachbars Terrasse anbringt und unnötigen Lärm vermeidet.

Nachtfröste

Mit Nachtfrost ist zu rechnen, wenn abends eine Handbreit über einem Rasenstück Temperaturen von unter 6 °C gemessen werden. Schäden an Pflanzen durch Nachtfrost und anschließendes zu rasches Auftauen kann man entgegenwirken, indem man sie am frühen Morgen gründlich mit Wasser überbraust. Eine „Gartenheizung" lässt sich schnell selbst bauen: Man stellt eine Metallplatte schräg auf und lässt darunter mehrere Grablichter brennen. Die Kerzen erwärmen die Platte, die wiederum die Wärme an die Pflanzen abgibt.

Nachttemperatur

Tiefste Nachttemperaturen kann man an einem sogenannten Minimum-Maximum-Thermometer ablesen. Es hat eine zweite Skala mit einer Quecksilbersäule, in der ein verschiebbarer Metallstift sitzt. Dieser Stift bleibt bei der höchsten bzw. tiefsten gemessenen Temperatur hängen. Nach dem Ablesen gibt man den Stift durch einen Hebel wieder frei.

Nährstoffentzug

Ein einseitiger Nährstoffentzug des Bodens durch die Pflanzen nur einer Sorte auf jeweils einem Beet wird durch Mischkultur vermieden (s. Mischkultur, S. 108).

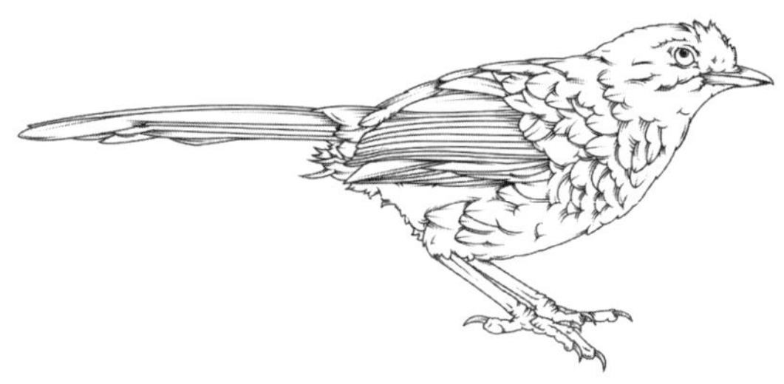

Nistkästen

Nistkästen werden von Vögeln eher bewohnt, wenn die Fluglöcher nach Südosten gerichtet sind und es nicht hineinregnen kann. Ungepflegte Nistkästen verbreiten häufig Krankheiten unter den Vögeln. Sie sollten jedes Jahr im zeitigen Frühjahr gereinigt werden.

Organische Dünger

Organische Handels- oder Naturdünger werden aus den Abfällen von Tieren oder Pflanzen hergestellt. Sie sind gut dosierbar und wirken mild und lang anhaltend, weil sie die Nährstoffe nur langsam freisetzen. Die wichtigsten organischen Handelsdünger sind: Blutmehl, Guano, Hornspäne, Hornmehl und Knochenmehl sowie Algenkalk und Pressrückstände von Pflanzenöl. Auch Kompost und Mist zählen dazu. Oft hat jeder Hersteller seine eigenen Rezepturen.

Pflanzabstand

Der Abstand zwischen zwei Stauden sollte eine halbe Wuchshöhe betragen. Die Pflanzen gedeihen besser, sie werden besser belüftet, und Pilze und andere Krankheitserreger springen nicht so leicht über.

Pflanzenbrühe

Bei der Zubereitung einer pflanzenstärkenden und schädlingsabwehrenden Pflanzenbrühe geht man folgendermaßen vor: Man lässt etwa 1 kg frische Pflanzenteile in 10 l Wasser über Nacht ziehen, kocht die Brühe anschließend kurz auf und lässt sie dann noch einige Zeit lang (20–30 Minuten) bei geringer Hitze weiter sieden. Nach dem Abkühlen kann die Brühe je nach Anwendung 1:5 mit Wasser verdünnt oder unverdünnt gespritzt, gesprüht oder auch gegossen werden. Anders als bei Jauchen kommt es bei der Brühe nicht zu einer Gärung.

Pflanzenjauche

Vorbereitung

Pflanzenjauche kann aus den verschiedensten Wildkräutern und Heilpflanzen zur Abwehr von Schädlingen und zur Stärkung der Pflanzen angesetzt werden. Man benötigt dazu ein 10-l-Gefäß. Metallgefäße eignen sich nicht zum Ansetzen von Jauchen!

Zubereitung

Im Allgemeinen verwendet man 1 kg frische oder etwa 200 g getrocknete Pflanzenteile auf 10 l Wasser. Zum Ansetzen der Jauche nimmt man am besten Regenwasser, das man über die geschnittenen Pflanzenteile schüttet. Das Gefäß stellt man ohne Deckel an einen sonnigen Platz. Die Mischung sollte jeden Tag einmal gründlich umgerührt werden. Eine starke Bläschen- und Schaumbildung zeigt die Gärung an. Nach etwa drei Wochen ist die Jauche fertig vergoren, sie schäumt nicht mehr und hat eine dunkle Farbe angenommen. Abgedeckt kann sie nach und nach aufgebraucht werden, vor Gebrauch abseihen.

ANWENDUNG

Zum Gießen verdünnt man sie 1 : 10 mit Wasser, zum Spritzen 1 : 20. Pflanzenjauchen entfalten eine bessere Wirkung, wenn man sie am frühen Morgen, am späten Abend oder bei bedecktem Himmel gießt oder spritzt, also dann, wenn der Boden feucht ist. Sie stinken nicht, wenn man ab und zu etwas Gesteinsmehl hineinrührt. Jauche stinkt auch nicht, wenn man sie mit einem Auszug aus Weinraute übergießt (300 g frisches Kraut in 5 l Wasser eine Stunde auf kleiner Flamme kochen lassen und abkühlen).

Pflanzenkauf

Auf der sicheren Seite ist, wer seine Pflanzen beim Gärtner bzw. in der Baumschule in der Region kauft. Deren Pflanzen vertragen das Klima und den Boden vor Ort und sind bereits abgehärtet.

Pflanzentee

Pflanzentee wird zubereitet, indem man klein gehackte Pflanzenteile mit fast kochendem Wasser übergießt und anschließend zugedeckt etwa eine Viertelstunde ziehen lässt. Pflanzentee kann gleich nach dem Abkühlen verwendet werden, vorher abseihen.

Pflanzen zwischenlagern

Kann man eine Staude oder ein Gehölz nicht sofort eintopfen oder pflanzen, gräbt man sie provisorisch in die Erde ein. Dazu hebt man auf einer freien Fläche eine schräge Furche oder einen Graben aus, legt die Pflanze hin, bedeckt ihre Wurzeln mit Erde und drückt die Erde an. Knollen und Zwiebeln lassen sich wochenlang in Sand oder Erde einschlagen.

Pflanzfolie

Pflanzfolie schützt vor Kälte und Schnee, lässt aber den Regen gut durchsickern. Beim Wachsen wird die Folie von den Pflanzen mit angehoben. Die Pflanzen stellen sich auf diese Weise ihr eigenes Gewächshaus her (s. auch Vlies, S. 56).

Pflanzkorb

Ein Pflanzkorb schützt Zwiebeln und Knollen vor gefräßigen Wühlmäusen.

Pflanzschnur

Wenn man besonders gerade Pflanz- und Saatreihen ziehen will, aber auch bei der Anlage von Beeten, sollte man eine Pflanzschnur benutzen. Im Fachhandel gibt es solche Pflanzschnüre an Kunststoff- oder Metallpflöcken, die sehr einfach zu handhaben sind. Aber eine einfache Schnur entlang der Beete erfüllt ebenfalls diese Funktion.

Pflanzstock, -holz und -schaufel

Ein Pflanzstock oder -holz erleichtert das Pflanzen, indem er schmale Pflanzlöcher im Boden vorbohrt. Die Pflanzschaufel oder Kelle dient zum Graben kleiner Pflanzlöcher.

Pflanztiefe

Jungpflanzen werden so tief in die Erde gepflanzt, wie sie vorher im Verkaufs- oder Anzuchttopf waren. Zwiebeln und Knollen kommen zwei- bis dreimal so tief in die Erde wie die Zwiebel oder Knolle dick ist. Gehölze müssen genauso tief eingepflanzt werden, wie sie es in der Baumschule waren. Dies erkennt man leicht am Stamm. Bei Obstbäumen muss die Veredelungsstelle immer etwa 10 cm über der Erdoberfläche liegen.

Pflanztöpfe

Bei Pflanzen im Topf sollte man zwischen Topfwand und Wurzelballen 2–4 cm Platz lassen. Tonscherben oder Kies über dem Wasserloch unten verhindern Staunässe. Ein Gießrand von 2 cm verhindert, dass das Wasser überschwappt.

Pflanzung

Vor dem Auspflanzen die Erde immer gut durchfeuchten! Rasches Welken der Pflanzen kann man verhindern, indem man nur an trüben Tagen oder am Abend pflanzt. Direkte Sonnenbestrahlung bekommt gerade ausgepflanzten Jungpflanzen sehr schlecht. Vor Frost, Schnee, Regen und Hagel schützen Folienhauben.

Pflanzzeiten für Gehölze

Gehölze pflanzt man in der Regel während ihrer Ruhezeit, also im Herbst (Mitte Oktober bis November), nachdem sie ihre Blätter abgeworfen haben, oder im zeitigen Frühjahr, bevor der Austrieb beginnt. Ausnahme: Containerpflanzen.

Man unterscheidet sommergrüne und immergrüne Laubgehölze sowie Nadelgehölze. Pflanzzeit für sommergrüne
Laubgehölze: Oktober bis April. Pflanzzeit für Nadelgehölze
und immergrüne Laubgehölze: September/Oktober bis Ap-
ril/Mai.

Rasen

Rasen kommt wesentlich besser über den Winter, wenn man
im Herbst alles Laub abrecht. Bei einer Neuanlage von Rasen
sollte der Boden schon Wochen vor der Aussaat grob planiert
werden, damit er sich setzen kann. Vor dem Aussäen alle
neu gekeimten Unkräuter gründlich entfernen. Die Aussaat
erfolgt mit dem Streuwagen oder von Hand. Letzteres geht
leichter, wenn man das Saatgut mit Sand vermischt. Eine
gleichmäßige Verteilung erreicht man, indem man eine Hälfte des Samens längs und die andere Hälfte quer zur Richtung
des ersten Sägangs ausstreut. Danach den Samen mit einem
Rechen flach einbringen und den Boden mit Trittbrettern
oder einer Walze verdichten.

Regentonnen

Regentonnen aus Holzfässern sollte man bei drohendem
Frost entleeren. Danach dürfen sie nicht völlig austrocknen,
sondern sollten am besten mit aufgelegten nassen Säcken
feucht gehalten werden. Vor dem Wiederauffüllen mit Wasser schlägt man die Eisenreifen mit Hammer und Meißel fest.

Regenwasser

Regenwasser ist weich und kalkarm und somit besonders
günstig für die Pflanzen. Es sollte in der Regentonne aufgefan-
gen werden. Eine Abdeckung über der Tonne bewahrt Kleintiere vor dem Hineinfallen, hält Falllaub fern und verhindert,
dass im Sommer Stechmückenlarven überhandnehmen. Nur
noch selten ist das Regenwasser durch Luftverschmutzung
stark belastet. Zur Sicherheit sollte man dennoch den ersten

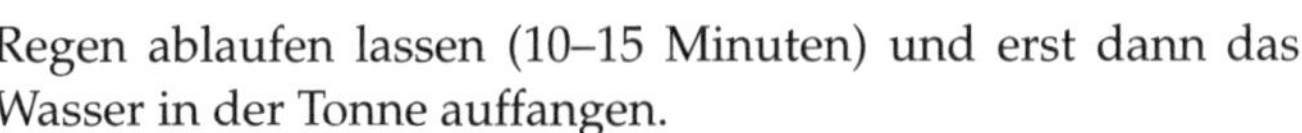

Regen ablaufen lassen (10–15 Minuten) und erst dann das Wasser in der Tonne auffangen.

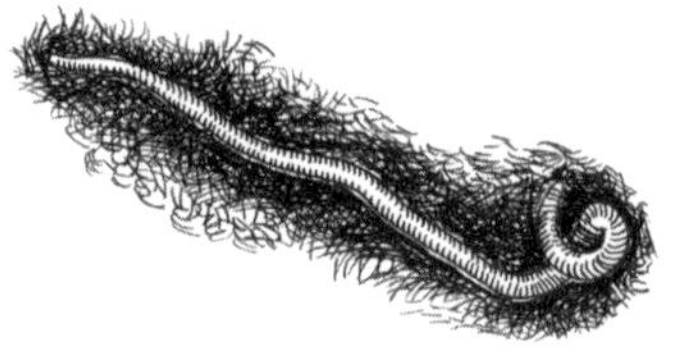

Regenwürmer

Regenwürmer lassen sich anlocken durch Kaffeesatz, Abfälle von Lauch, auf den Boden gespritzten Baldrianblütenextrakt sowie Basalt- oder Hornmehl, das in den Boden eingearbeitet wurde. Regenwurmauswurf ist ein sehr guter Dünger.

Rigolen

Rigolen, das ist ein mehrfaches tiefes Umgraben nach einem bestimmten Schema, schafft eine gute Grundlage für die Neuanlage eines Gartens. Es sollte aber wirklich nur bei stark verdichtetem Untergrund, etwa bei gerade fertig gewordenen Baugrundstücken, angewendet werden.

Rindenmulch

Rindenmulch enthält von Natur aus wachstumshemmende Stoffe und darf nicht zwischen Gemüse, Sommerblumen und frisch gepflanzten Stauden oder Gehölzen ausgebracht werden. Allerdings eignet er sich hervorragend zur Unkrautbekämpfung und als Wegbelag zwischen Beeten mit gut eingewachsenen Stauden und Gehölzen.

Rotkehlchen

Rotkehlchen sind als Insektenfresser im Garten besonders nützlich. Ihre Ansiedlung unterstützt man durch Aufhängen von geeigneten Nistkästen und durch Pflanzung von Hecken.

Saatrillen

Saatrillen zieht man bequem mithilfe eines dünnen und geraden Vierkantholzes, das man einfach fest andrückt und einige Male hin und her schiebt.

Samen

Samen bleiben keimfähig, wenn sie trocken, kühl und dunkel aufbewahrt werden. Samen aus angebrochenen Samentüten sollte man in ein Schraub- oder Einmachglas umfüllen. Ältere Samen sollte man vor dem Aussäen mit der Keimprobe (s. S. 35) auf ihre Keimfähigkeit testen. Sie umgibt oft ein Ölfilm, der die Keimung erschwert, sich aber mit Sand oder Erde abreiben lässt. Samen keimen schneller, wenn man sie vor dem Aussäen einige Stunden in warmes Wasser legt. Ein Bad in Kamillentee vernichtet anhaftende Keime.

Sandboden

Sand- oder leichter Boden lässt sich verbessern durch regelmäßige Kompostgabe, häufige Gründüngung oder durch Untermischen tonhaltiger Gesteinsmehle.

Saure Gartenböden

Saure Gartenböden verbessert man durch regelmäßige Kalkgaben. Stark saure Böden eignen sich nur für Rhododendren, Heidekrautgewächse und andere Moorbeetpflanzen.

Schattenbeet

Ein sogenanntes Schattenbeet liegt im Baum- oder Gebäudeschatten oder in dunklen Innenhöfen und eignet sich für die Aussaat und Anzucht von schattenliebenden Pflanzenarten, etwa Waldpflanzen wie Haselwurz, Waldsauerklee, Bärlauch, Efeu und Farn.

Schimmelflecken auf Gartenschuhen

Schimmelflecken auf Gartenschuhen entfernt man mit einer Mischung aus Spiritus und Wasser (1:1).

Schnee

Schnee auf Gartenwegen oder in der Grundstückseinfahrt entfernt man zunächst mit einem Schneeräumer. Dann streut man Asche, Sägemehl oder Sand. Salz ist nicht gut für die Umwelt, da es in den Boden eindringt und die Pflanzenwurzeln schädigt. Den Schnee darf man auf die Beete schütten; beim Tauen sickert das Wasser langsam in die Erde und belebt den Boden.

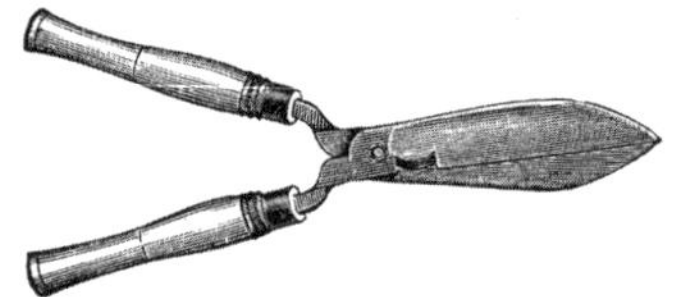

Schnittwerkzeuge

Schnittwerkzeuge werden nach Gebrauch mit einem feuchten Tuch gereinigt und nach Arbeiten an und mit kranken Pflanzen zusätzlich mit Alkohol desinfiziert.

Schwere Böden

Schwere, tonhaltige Böden werden durch Umgraben besser durchlüftet, dabei nach und nach Humus zuführen und Sand untermischen. Mit der Zeit kann das Umgraben unterbleiben, und ein einfaches Lockern mit der Grabegabel reicht aus.
Bäume pflanzt man in schwere Böden besser erst im Frühjahr, denn das verringert die Gefahr der Wurzelfäule.

Sonnenschutz

Einen idealen Sonnenschutz erhält man durch Bepflanzen von Fensterfronten oder Balkonen mit sommergrünen Kletterpflanzen.

Stalldung

Stalldung sollte nie zusammen mit Kalk untergegraben werden. Kalk hebt nämlich die natürliche Düngewirkung von Stalldung auf.

Stallmist

Stallmist verrottet bis zur Aussaat oder Pflanzung nur dann, wenn man ihn schon im Herbst in den Garten bringt. Er wird bei der herbstlichen Bodenbearbeitung flach untergegraben (s. Mist, S. 40).

Stammpflege

Ältere Bäume bürstet man mit einer Drahtbürste oder einem Baumkratzer ab. Das entfernt Moose, Flechten und lockere Rindenschuppen, hinter denen sich oft Schädlinge verbergen.

Stammstützen

Stammstützen mit Spanndraht an Pflöcken fügen den Bäumen keinen Schaden durch Scheuern des Drahts zu, wenn man an der Befestigungsstelle über den Draht ein Stück alten Gartenschlauch führt.

Steckholz

Steckholz, das man im Herbst geschnitten hat, überwintert entweder draußen im Garten in einem gut abgedeckten Erdeinschlag oder in einem kühlen Keller, hier in einem mit feuchtem Sand gefüllten Becher.

Steine

Große Steine schützen empfindliche Pflanzen, da sie die tagsüber gespeicherte Wärme nachts wieder abgeben.

Stickstoff

Werden ältere Blätter gelb, dann kann das auf einen Stickstoffmangel hinweisen.

Teichalgen

Algen aus dem Teich lassen sich abschöpfen und als Dünger für Gemüsepflanzen nützen.

Tonboden

Schwere, nasse Tonböden lassen sich durch Untermischen von Sand, feinem Kies oder besonderen Zuschlagsstoffen auflockern, außerdem hilft ihnen die gute Versorgung mit Humus durch Kompost und Gründüngung. Auf schweren Böden darf Kompost oder Mist nie tief untergegraben werden, da er dort nur schlecht verrottet.

Tongefäße und -töpfe

Tongefäße halten später die Feuchtigkeit besser, wenn man sie vor dem Bepflanzen ein bis zwei Tage ins Wasser legt bzw. mit Wasser füllt. Wenn man an den Topf klopft und es einen dumpfen Ton gibt, enthält die Erde noch ausreichend Feuchtigkeit; bei einem hellen Ton muss man nachgießen. Töpfe für winterfeste Pflanzen sollten so groß sein, dass der Pflanzballen nicht durchfriert.

Torf

Torf wird aus echten Mooren gewonnen und man sollte ihn daher nur sparsam, noch besser gar nicht mehr verwenden. Als Torfersatz eignet sich Rindenhumus, gemischt mit Sand und Komposterde, das gibt gute Blumenerde.

Totholzhaufen

Totholzhaufen aus locker aufgeschichteten Zweigen und Ästen bieten Nützlingen ein sicheres Versteck und Unterschlupf im Garten.

Trittplatten

Wenn man Trittplatten im Rasen etwas tiefer verlegt, dann läuft der Mäher glatt darüber hinweg.

Tröge und Kübel aus Holz

Tröge und Kübel aus Holz stellt man am besten auf einige flache Steine. So wird der Boden belüftet und das Faulen des Holzes vermieden.

Umgraben

Umgraben ist nur bei schweren Böden nötig oder wenn man einen Garten neu anlegt, etwa auf einem Neubaugrundstück oder bei jahrelang vernachlässigten Böden. Stark verdichtete Böden muss man mit einer kräftigen Schlaghacke bearbeiten. Beim Umgraben geht man rückwärts, um nicht wieder auf die schon lockeren Stellen zu treten. Wenn man im Herbst umgräbt und die Schollen liegen lässt, zerkleinert sie der Frost von alleine.

Umpflanzen, Umsetzen

Manche Stauden vertragen ein Umsetzen kaum oder gar nicht. Wenn es sich nicht vermeiden lässt, setzt man die Pflanze im Herbst oder im zeitigen Frühjahr um; Stauden, die im Frühjahr blühen, auch direkt nach der Blüte.

Wenn beim Umpflanzen die Wurzeln nachgeschnitten werden, muss man auch die oberirdischen Pflanzenteile in vergleichbarer Menge kürzen.

Unkraut

Unkräuter aus der gleichen Pflanzenfamilie sollten nicht bei den Kulturpflanzen stehen, so ist große Vorsicht bei Kreuzblütlern wie Hirtentäschel oder Ackersenf im Kohlfeld geboten. Sie gelten als Zwischenwirte für zahlreiche Krankheitserreger.

Auch wer selbst Samen zieht, sollte Kreuzungen von Wildkräutern mit Zuchtgemüse vermeiden. Diese bringen meist eine mindere Qualität und einen geringeren Ertrag.

Verankerungspfähle

Verankerungspfähle werden vor der Pflanzung auf der Windseite des Bäumchens in den Boden geschlagen. Um Verletzungen an den Ästen zu vermeiden, werden die Pfähle so tief eingeschlagen, dass sie nicht in die Krone hineinragen. Nach der Pflanzung werden die Gehölze mit einem Strick festgebunden.

Vlies

Vlies ist eine luft- und wasserdurchlässige Kunststofffolie, die auf das Beet aufgelegt wird. Es gibt sehr fein gewobene Vliese zum Schutz der Jungpflanze, Kulturschutznetze für Gemüse und kräftigere Vliese zur Abdichtung eines Teiches. Bei Vliesen ist die Pilzgefahr deutlich geringer als bei Folie, außerdem kommt es nicht zum Hitzestau und man kann über das Vlies gießen.

Vogelfutter

Vogelfutter für den Winter kann man leicht selbst herstellen, wenn man die über das Jahr aufbewahrten Fettstücke und Schmalz in einem Topf schmilzt und mit Körnerfutter vermischt. Die Mischung gießt man danach in Formen, z. B. in halbierte Kokosnüsse, lässt sie erstarren und hängt die Futterspender an einer Schnur auf.

Vogelmiere

Das Unkraut zeigt einen gut durchlässigen, leicht feuchten, humosen Boden an. Es wird gerne von Vögeln und Kleinsäugern gefressen.

Vogelscheuchen

Vogelscheuchen werden bald zu guten Bekannten der Vögel, wenn sie stumm in der Landschaft stehen. Um den Abschreckungseffekt zu steigern, hängt man an ihre Arme Streifen aus Stanniolpapier, das dann im Wind flattert und knistert.

Vogeltränke

Vogeltränken unterstützen wesentlich die Ansiedlung von Vögeln im Garten, denn gerade in der Stadt und in Vorortsiedlungen finden sie oft nicht mehr ausreichend Wasser.
Das Wasser sollte das ganze Jahr über angeboten und sehr häufig erneuert werden. Außerdem sollte die Vogeltränke in ausreichendem Abstand von Büschen und Stauden auf einer freien Fläche stehen, damit sich Katzen nicht unbemerkt heranschleichen können.

Wasserleitungen

Wasserleitungen im Außenbereich, etwa für den Gartenschlauchanschluss oder den Gartenteich, müssen selbstverständlich vor Wintereinbruch entleert werden. Dann lässt man sie aufgedreht und umhüllt sie mit Isoliermaterial. Sind sie dennoch einmal eingefroren, so lassen sie sich ganz gut mit einem Haarföhn wieder auftauen.

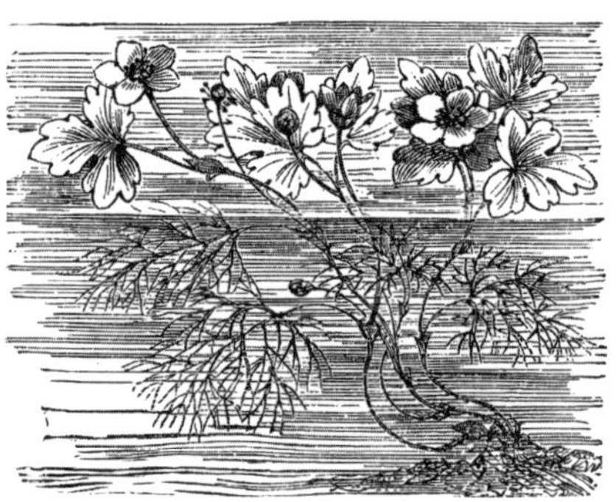

Wasserpflanzen

Wasserpflanzen wachsen gut an und werden nicht an die Oberfläche geschwemmt, wenn man sie bei der Pflanzung mit einigen Kieselsteinen beschwert.

Wasserschosse

Wasserschosse sind kräftige, lang wachsende junge Triebe an alten Ästen, die häufig nach starkem Rückschnitt entstehen. Sie kommen aus schlafenden Augen und zeigen an, dass der Baum noch eine gute Triebkraft besitzt. Meistens werden die Wasserschosse abgeschnitten, da sie die Krone verdichten. Man kann jedoch aus ihnen auch eine völlig neue und fruchtbare Krone ziehen.

Wildlinge

Wildlinge sind Sprosse, die bei veredelten Zier- und Obstbäumen aus der Unterlage herauswachsen. Sie müssen regelmäßig nah am Stamm abgeschnitten werden, da sie unnötig Nährstoffe verbrauchen.

Wind

Bei Wind verdunsten die Pflanzen mehr Wasser als üblich. Gerade immergrüne Gehölze laufen Gefahr, nach windigen, kalten Tagen zu vertrocknen. Man schützt sie, indem man bei frostfreiem Wetter gründlich gießt.

Winterfütterung von Vögeln

Eigentlich sollte man Vögel nur bei Dauerfrost oder geschlossener Schneedecke füttern. In manchen Vorortsiedlungen finden die Vögel aber kaum noch artgerechtes Futter, sodass man je nach dem Pflanzenangebot in der Umgebung entscheiden muss. Die Futterstelle sollte überdacht und geschützt sein, regelmäßig gereinigt und von Kot befreit werden. Vögeln nur trockenes Futter geben, keine Essensreste verfüttern und auch kein Brot.

Winterschutz

Zahlreiche Maßnahmen helfen den Pflanzen über den Winter: Topfpflanzen stellt man auf Styroporplatten und umhüllt diese mit Säcken oder Kokosmaterial. Mit Reisig umhüllt, werden größere empfindliche Pflanzen vor Kälte geschützt. Junge Gehölze umgibt man mit einer Drahtröhre und füllt diese mit Laub; Ziergräser wie Pampasgras sollte man im Winter zusammenbinden, ebenso auch säulenförmige immergrüne Gehölze, sodass der Schnee die Triebe nicht auseinanderdrückt. Rund um den Wurzelbereich sollte man die Erde anhäufeln bzw. mit Laub aufschütten. Schnee von Ästen und Hecken abschütteln.

Zwiebel- und Knollenpflanzen

Bei Zwiebel- und Knollenpflanzen entfernt man die Blätter erst, wenn sie vollständig verwelkt sind. Nur so bewahrt sich die Zwiebel bzw. die Knolle genügend Reservestoffe für den nächsten Austrieb. Zum Überwintern schlägt man die Zwiebel in Sand ein.

Obstgarten

Absägen von Ästen

Gebrochene oder abgestorbene Äste müssen abgesägt werden. Damit beim Ausschneiden der Bäume keine Risse und ausgebrochenen Stellen entstehen, schneidet man die Äste zunächst in ca. 30 cm Entfernung vom Stamm ab. Die zweite Schnittstelle befindet sich dann unmittelbar am Stamm. Es sollte kein Stumpf übrig bleiben. Es ist sinnvoll, die Schnittstelle mit einem scharfen Messer zu glätten. In jedem Fall muss die Wunde mit Baumwachs gut verschlossen werden.

Apfel

Die Apfelsorte sollte nach Geschmack, Reifezeit, Frosthärte, Widerstandsfähigkeit gegen Krankheit, Lagerfähigkeit der Früchte und Wuchsform ausgewählt werden. Gut ausgewählte Apfelsorten bringen mehr Früchte.

Apfelbäume an Südhängen leiden oft an zu großer Trockenheit des Bodens. Auf der sicheren Seite ist man, wenn man in Gegenden mit hoher Frostgefahr den Apfelbaum als Spalierobst an eine warme Hauswand pflanzt. Die Blüten der meisten Apfelbaumsorten können sich nicht selbst bestäuben. Man erhält nur Früchte, wenn in der Nachbarschaft noch ein Apfelbaum steht, der zur gleichen Zeit blüht.

Die Äpfel werden größer und schmackhafter, wenn bei starkem Fruchtbehang die Früchte Ende Juni ausgedünnt werden. Es gilt die Faustregel: ein Apfel pro 10 cm Trieblänge bzw. zwei bis drei Äpfel pro Fruchtstand. Früchte, die sich bis Ende Juni nicht gut entwickeln, sollten generell entfernt werden. Wenn die Früchte heranwachsen, sollte bei langer Trockenheit kräftig gegossen werden.

ERNTE

Sommer- und Herbstsorten werden mehlig, wenn sie bis zur Baumreife am Baum hängen. Man erntet sie etwa eine Woche vor der Baumreife. Wintersorten, die eingelagert werden, bleiben möglichst lange am Baum. Erfolgt die Ernte an trockenen Tagen, so ist es besser, am Tag vor der Ernte die Bäume reichlich zu wässern.

LAGERUNG

Sommeräpfel reifen im August und lassen sich drei bis vier Wochen lagern. Herbstäpfel erntet man von September bis Oktober und kann sie bis Weihnachten lagern. Winteräpfel, die im Oktober und November geerntet werden, kann man bis ins Frühjahr lagern. Nur gesunde Früchte lagern. Frühe Sorten schmecken frisch besser.

Äpfel lagern besser, wenn man sie nach der Ernte einige Tage im Gras liegen lässt, sie bilden dann eine schützende Wachsschicht. Äpfel müssen im Lager nach Sorten getrennt werden. Nie Herbst- und Wintersorten zusammen in einem Raum lagern. Die Früchte sollten sich nicht berühren. Wenn man Äpfel mit Zwiebelschalentee einsprüht, halten sie doppelt so lange wie unbehandelte Äpfel. Sie behalten beim Lagern ihr Aroma, wenn sie mit Hopfen oder getrockneten Holunderblüten in einer geschlossenen Schachtel liegen. Gelagerte Äpfel regelmäßig kontrollieren, faulende Früchte sofort entfernen.

Aprikosenbäume

Aprikosenbäume gedeihen besser, wenn man ihre Baumscheibe nicht freihält, und blühen später, wenn man am Stamm einen Schutzanstrich aus Kalkmilch anbringt. Bei starker Frühjahrssonne verhindert ein Schattieren des Baumes einen zu frühen Austrieb. Eine zu frühe Blüte erfriert meistens in kalten Nächten, hiergegen hilft eine Beregnung des Baumes mit dem Rasensprenger. Das Eis schützt die Blüten vor der Kälte.

Ausdünnen

Werden bei starkem Fruchtbehang die Früchte ausgedünnt,
so werden die verbleibenden Früchte größer und reifen besser aus.

Austriebsspritzung

Kurz bevor die Knospen aufbrechen, sollten die überwinternden oder ersten Jugendstadien von Obstbaumschädlingen
bekämpft werden. Ölpräparate, etwa aus Rapsöl, erzeugen
einen Film, der Blatt-, Schild- und Wollläuse sowie andere
Schädlinge erstickt.

Baumscheibe

Um den Stamm von Bäumen herum sollte eine Fläche von
etwa 1 m Durchmesser von Pflanzen freigehalten werden,
damit sich die Bäume besser entwickeln können. Diese Maßnahme ist besonders wichtig nach der Anpflanzung junger
Bäume. Kräuter oder Kapuzinerkresse zur Schädlingsabwehr
sind allerdings erlaubt.

Baumstütze

Wenn die Äste von Obstbäumen, insbesondere von Apfel-
und Birnbäumen, durch besonders reichen Fruchtertrag zu
stark belastet werden, so stützt man sie durch Stangen.

Baumwachs

Wunden, die bei Obstbäumen durch Brechen oder Abschneiden von Ästen entstehen, sollten durch Bestreichen mit
Baumwachs vor dem Eindringen von Schädlingen geschützt
werden. Baumwachs fördert auch die schnelle Heilung der
Wundstellen.

Beeren

Beeren werden nicht von Vögeln weggenascht, wenn man die Sträucher rechtzeitig mit Schutznetzen überspannt. Sie sollten mit Stiel geerntet werden. Beeren verlieren in den Stunden nach der Ernte weniger Saft, außerdem schützt der Stiel vor Fäulnis. Sie müssen sofort nach der Ernte verarbeitet werden. Wenn die Zeit hierfür fehlt, kann man sie gut einfrieren. Ein Lagern ist kaum möglich.

BEERENSTRÄUCHER

Beerensträucher wie Johannisbeere, Stachelbeere, Himbeere und Brombeere brauchen wenig Platz und sind hübsch anzusehen, sodass sie auch in den Ziergarten passen.

Befruchtersorte

Die Blüten einiger Obstarten und -sorten können sich nicht selbst befruchten. Sie brauchen einen geeigneten Partner in der Nachbarschaft, also einen Baum der gleichen Art, der zur gleichen Zeit blüht. Ohne einen solchen Pollenspender entwickeln sich keine Früchte. Oft reicht es nicht, einen zweiten Baum anzupflanzen, vielmehr muss es eine andere Sorte sein. Obstbaumschulen haben Listen verträglicher Sorten, die zur gleichen Zeit blühen. Selbstunfruchtbar sind z. B. Apfel, Birne, Süßkirsche, Haselnuss und viele Zwetschen- und Pflaumensorten.

Birne

Birnbäume sind empfindlicher als Äpfel, sie brauchen mehr Sonne und eine geschützte Lage. Im Zweifelsfall weicht man auf Spalierobst aus. Birnen sind auf Fremdbestäubung angewiesen und brauchen einen geeigneten Partner in der Nachbarschaft. Als Tiefwurzler benötigt der Birnbaum einen tiefgründigen, lockeren Boden; allerdings verträgt er Trockenheit besser.

Wem der Birnbaum zu hoch werden könnte, weicht von vornherein auf einen Spindelbusch aus. Wenn er zu sehr Holz treibt und nicht tragen will, bremst man ihn ab, indem man die Triebe herabbindet. Birnenspindelbüsche fruchten schneller, wenn man beim Schnitt im Jahr nach dem Einpflanzen die Seitentriebe herunterbindet. Birnen entfalten ihr volles Aroma erst nach kurzer oder längerer Lagerzeit. Butterbirnen sind besonders feine Essbirnen.

Brombeere

Brombeeren sind sehr anspruchslos und brauchen wenig Platz. Allerdings sollte man den Boden gut vorbereiten und die Ruten bei der Pflanzung auf 20 cm zurückschneiden. Junge Ruten können bis zu 2 m lang werden.

Brombeersträucher bringen eine reichhaltigere Ernte, wenn man die alten, abgetragenen Ruten am Boden abschneidet und an den jungen Ruten die Seitentriebe bis auf fünf Augen zurückschneidet. Frostempfindliche Sorten schützt man im Winter mit Tannenreisig oder häufelt die Erde auf. Brombeeren werden seltener von der sogenannten Brombeerkrank-

heit, einer Pilzerkrankung, befallen, wenn man ihre Ranken rechtzeitig hochbindet.

Dreibein

Ein Dreibein stützt die Hochstämmchen von Johannis- und Stachelbeeren, wobei die schweren äußeren Zweige auf den Verbindungslatten aufsitzen und die Früchte außerhalb des Dreiecks hängen. Es lässt leicht selbst zusammenbauen: Man schlägt drei Vierkanthölzer mit der Kantenlänge von 2–3 cm in den Boden und verbindet diese knapp über der Höhe des Kronenansatzes mit schmalen Latten.

Einfrieren

Einfrieren ist die schnellste und einfachste Methode, Beeren haltbar zu machen. Erdbeeren, die man einfrieren möchte, sollten klein und vollreif sein. Man frostet sie am besten auf einem Tablett vor und packt sie dann erst in Beutel. Auf diese Weise kleben sie später nicht aneinander. Weil Beeren beim Auftauen leicht matschig werden, friert man sie am besten als Mus oder Kompott ein.

Einkochen

Das Einkochen von Obst gelingt nur, wenn wirklich sauber gearbeitet wird. Die Gläser und Gummiringe zum Einkochen müssen keimfrei sein. Je dichter das Obst ins Glas gepackt wird, umso weniger wässrig schmeckt es später. Die Gläser werden bis 2 cm unter den Rand gefüllt. Zuckerzugaben entschärfen den Säuregeschmack. Wenn man das Glas mit Apfelsaft statt Wasser aufgießt, kann man auf ein Nachzuckern verzichten. Die Metallklammern bleiben befestigt, bis das Glas völlig abgekühlt ist.

Einlagern

Das Einlagern von Obst erfolgt bei Temperaturen um 2–4 °C und 80–90 % Luftfeuchtigkeit. Ein zu trockener Raum führt zum Schrumpfen, ein zu feuchter Raum fördert die Fäulnis. Die Luftfeuchtigkeit lässt sich durch Aufstellen von mit Wasser gefüllten Eimern oder Schalen regulieren. Man kann auch nasse Steine auslegen, die allmählich die Feuchtigkeit abgeben.

Lagerobst wird zur Pflückreife geerntet. Es werden nur gesunde, einwandfreie Früchte eingelagert. Ideal ist, wenn man die Früchte beim Ernten gleich in die Kisten lagert und ringsum mit trockenem, feinem Sand umgibt. Die Kisten kommen dann in den Lagerraum.

Obst und Gemüse werden voneinander getrennt, ebenso die Obstarten untereinander. Zum Lagern stellt man das Obst so, wie es am Baum hängt, also mit dem Stiel nach oben. Empfindliche Früchte bettet man auf trockenem Stroh oder Holzwolle. Das Lagerobst muss regelmäßig kontrolliert und faulende Früchte sofort entfernt werden.

Erdbeeren

ANPFLANZEN

Erdbeeren pflanzt man am besten im August oder Anfang September im Abstand von mindestens 25 cm. Die Pflanzen darf man nicht tiefer setzen, als sie zuvor standen, das junge Herzblatt muss frei bleiben. Trocken gewordene Pflanzen stellt man vor dem Pflanzen ins Wasser.

PFLEGE

Ab der Blütezeit brauchen Erdbeeren reichlich Wasser. Stroh auf dem Boden schützt die Früchte vor Nässe und Grauschimmel. Erdbeerpflanzen bringen einen wesentlich höheren Ertrag, wenn man die Ausläufer rechtzeitig abschneidet, und tragen reicher, wenn man zwischen den Reihen mulcht. Sie gedeihen auch besser, wenn man sie mit Wald- und Mischkompost versorgt, im Frühjahr gelegentlich mit Kräuterjauche gießt und mit etwas Holzasche düngt. Im Winter vertragen Erdbeerpflanzen eine schützende Decke aus Rohkompost und gut angerotteten Rinden- und Holzhäcksel.

Vermehrung

Reich tragende Jungpflanzen kann man sich selbst ziehen, indem man die Ranken der am stärksten tragenden Erdbeerpflanzen kennzeichnet und nicht entfernt, sondern abwartet, bis die Jungpflanzen Wurzeln gebildet haben. Die Mutterpflanze bringt etwa drei Jahre lang einen guten Ertrag.

Erdbeerbeet

Das Erdbeerbeet sollte nach fünf Jahren auf einen nahrhafteren Boden wechseln. Wer auf einem Hügelbeet Fruchtwechsel betreibt, kann im vierten Jahr der Fruchtfolge Erdbeeren pflanzen. Ansonsten pflanzt man Erdbeeren in einen Boden, der im Jahr zuvor tief gelockert und mit Kompost gedüngt wurde. Sie gedeihen ebenfalls sehr gut, wenn im Vorjahr auf der Fläche Brennnesseln standen.

Erhaltungsschnitt

Der Erhaltungsschnitt bei Obstbäumen steht an, wenn die Krone voll ausgebildet ist. Man schneidet abgestorbene, dürre Äste heraus, entfernt störende Triebe, starke Verzweigungen und zu dicht stehendes Fruchtholz. Mit dem Erhaltungsschnitt bleibt die Krone licht und luftdurchlässig.

Ernten

Lagerobst wird gepflückt, nie geschüttelt. Ein Obstpflücker mit Säckchen trennt die Frucht vom Holz und die Frucht fällt weich in das Säckchen. Wenn man vor dem Schütteln den Boden etwa 10 cm dick mit Heu oder Stroh bedeckt, landen die Früchte weich und platzen nicht.

Erziehungsschnitt

Der Erziehungs- oder Pflanzschnitt am jungen Baum dient der Ausbildung einer guten Krone, d.h. sie ist licht, luftdurchlässig und gleichmäßig aufgebaut. Nur dann können die Früchte gut ausreifen.

Fallobst

Fallobst sollte möglichst schnell aufgelesen werden, da dies schnell von Schädlingen und Krankheitserregern befallen wird. Man kann es zu Obstsäften, Most, Sirup oder Gelee verarbeiten oder die unbeschädigten Teile herausschneiden und trocknen.

Feigenbaum

Selbst wenn der Feigenbaum starke Erfrierungen erlitten hat, sollte man ihn nicht gleich entfernen, denn oft kommt es doch noch zu einem Neuaustrieb.

Felsenbirnen

Felsenbirnen können auch in Tröge für den Balkon oder Dachgarten gepflanzt werden. Hierbei ist die Anlage einer Dränageschicht im Trog besonders wichtig.

Frost

Wenn spät reifende Äpfel, Birnen oder Quitten beim ersten Frost noch am Baum hängen, lässt man sie dran, bis der Frost vorbei ist und die Früchte aufgetaut und trocken sind. Meist kann man sie dann noch essen. Bei starkem Frost nimmt man sie gleich mit Stiel ab und legt sie zum Auftauen in kaltes Wasser. Einige Wildobstarten werden erst genussreif, wenn sie Frost ausgesetzt waren, so z. B. Mispel, Schlehe und Berberitze.

Fruchtbildung

Den Fruchtansatz kann man fördern, indem man abends die Bäume mit abgestandenem Wasser bespritzt.

Genussreife

Viele Sorten werden erst nach einer gewissen Lagerzeit genussreif, andere schmecken am besten, wenn sie am Baum oder Strauch voll ausreifen dürfen. Es sind meist Kernobstsorten, die man zur Pflückreife erntet und nachreifen lässt. Bei den meisten Steinobstarten und Beeren fallen Pflück- und Genussreife zusammen.

Granatapfelbäumchen

Granatapfelbäumchen bekommen einen besonders kühlen, aber frostfreien und hellen Winterstandort. Im Winter werden sie kaum gegossen.

Grapefruit

Grapefruit lässt sich besonders leicht aus den Kernen ziehen. Die Pflanzen werden wie Zitronenbäumchen gehalten (s. S. 86 f.).

Haselnuss

An einem sonnigen Standort ist der Strauch pflegeleicht und
muss nur gelegentlich ausgelichtet werden. Den Haselnuss-
strauch gibt es als männliche Pflanze mit hübschem Blüten-
schmuck und als weibliche Pflanze, an der die Nüsse reifen.
Die Nüsse können nach dem Trocknen an einem dunklen,
trockenen, kühlen Ort etwa ein Jahr lang gelagert werden.

Heidelbeeren

Heidelbeeren gedeihen nur, wenn man sie mit kalkarmem,
weichem Wasser gießt und mit kalkfreiem Dünger düngt. Sie
mögen einen sauren, frisch-feuchten Boden mit viel Humus
und einen vollsonnigen Standort. Heidelbeeren muss man
regelmäßig im Winter schneiden. Sie bringen mehr Früchte,
wenn zwei bis drei Sträucher beieinander stehen.

Himbeeren

Himbeerpflanzen wachsen besser an, wenn man ihre Ruten
auf vier Augen zurückschneidet. Sie brauchen einen wind-
und frostgeschützten Platz, gerne auch am Zaun oder als Hecke. Als Waldpflanzen fühlen sie sich wohl, wenn der Boden
beschattet wird. Vor der Pflanzung schneidet man die Ruten
auf 15 cm zurück; im Herbst mit Kompost düngen.
Himbeeren tragen nur am einjährigen Holz. Deshalb schneidet man die abgetragenen Ruten sofort nach der Ernte am
Boden ab und lässt lediglich einige der kräftigsten jungen
Triebe stehen. Ruten mit blauvioletten Flecken schneiden Sie
am besten gleich bis auf den Wurzelstock aus.

Hochstamm

Wenn der Obstbaum eine Stammhöhe von über 1,60 m hat,
spricht man vom Hochstamm. Es sind große Hausbäume und
gute Schattenspender, aber brauchen viel Platz. Ausgewachsen erreicht ein solcher Baum je nach Art eine Höhe von 15 –
25 m und seine Krone nimmt eine Fläche von bis zu 12 m² ein.

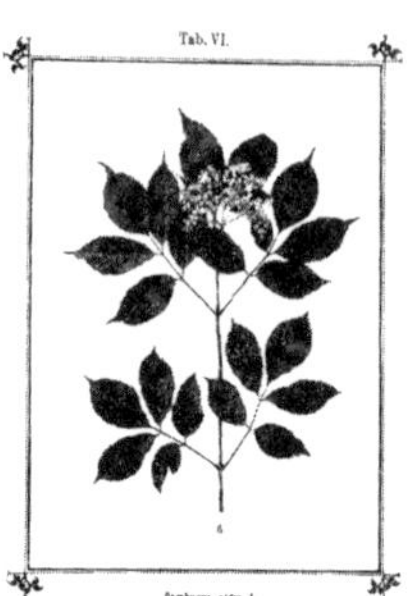

Holunder

Holunder gedeiht prächtig neben dem Kompostplatz, er spendet Schatten, ist genügsam und robust. Das Auslichten alle zwei bis drei Jahre sorgt für eine üppige Ernte. Aus den Blüten bereitet man Tee, außerdem finden sie in der Küche vielseitige Verwendung. Die Beeren werden bei Vollreife geerntet, sie sind dann tiefschwarz und werden sofort weiterverarbeitet.

Johannisbeeren

Johannisbeersträucher gedeihen besser, wenn in ihrer Nähe Wermut wächst. Die Blüten können sich selbst befruchten, liefern aber mehr und bessere Früchte, wenn eine zweite Sorte, die zur gleichen Zeit blüht, angepflanzt wird. Dabei sollte der Abstand zwischen den Sträuchern 1,5 m betragen; ihre flachen Wurzeln brauchen zu den Seiten hin viel Platz. Es bilden sich neue Triebe, wenn man die untersten Triebknospen mit Erde bedeckt. Sie lassen sich länger ernten, wenn man einige Büsche in Stroh einpackt, bis die Beeren rot geworden sind. Nach der Ernte schneidet man die Zweige zurück und lässt nur drei bis vier kräftige Triebe stehen, die man allerdings auch um die Hälfte kürzt. Ältere Sträucher verjüngt man, indem man alle Zweige radikal zurückschneidet. Nach 15 Jahren ist der Strauch erschöpft. Die Schwarze Johannisbeere ist reich an Vitamin C und wird zu Marmelade oder Saft verarbeitet. Die Rote Johannisbeere ist weniger herb und schmackhafter.

Kornelkirsche

Die Kornelkirsche ist als anspruchsloser Zierstrauch beliebt, bildet aber auch – im gut ausgereiften Zustand – wohlschmeckende Früchte.

Lagerobst

Obst, das eingelagert werden soll, wird gepflückt, nie geschüttelt! Fallobst eignet sich nicht zum Lagern.

Lagerraum

Ein Lagerraum ist luftig, 2–4 °C kühl, nicht zu trocken und nicht zu feucht. Nasse Steine erhöhen die Luftfeuchtigkeit, flache Schüsseln mit Salz vermindern sie. Getrocknetes Farnkraut, das man in die Lagerregale auslegt, schützt vor Fäulnis. Allerdings darf man nur Farnkraut ohne Sporen verwenden und es darf nicht in Kontakt mit dem Obst oder Gemüse kommen (giftige Pflanzensäfte).

Äpfel verströmen das Reifegas Ethylen. Zu viel Ethylen kann man mit dem Nelken-Test nachweisen: Man stellt Nelken in einer Vase in den Lagerraum. Welken die Nelken innerhalb von drei bis fünf Tagen, dann enthält der Raum zu viel Ethylen und ist als Lagerraum ungeeignet.

Mandelbäumchen

Mandelbäumchen werden gerne in Weinbaugebieten angepflanzt. Die Triebe des Mandelbäumchens müssen jedes Jahr nach der Blüte stark zurückgeschnitten werden, dabei darf man die Zweige um gut die Hälfte kürzen. Mandelbäumchen blühen nur am einjährigen Holz. Die Blüten sind sehr frostempfindlich.

Melonen

Melonen reifen am besten im Gewächshaus, einige Freilandsorten auch draußen. Sie gedeihen besser, wenn man ihre Haupttriebe nach dem sechsten Blatt abschneidet und an den sich neu bildenden Ranken nach dem dritten Blatt die Triebspitzen abzwickt. Nach dem Fruchtansatz, der sich an den Seitentrieben dieser letztgenannten Ranken entwickelt, schneidet man die Triebe ein Blatt hinter den Früchten ab. Sie faulen nicht, wenn man sie mit Brettern unterlegt.

Melonen muss man reichlich mit angewärmtem Wasser gießen und mit Kompost versorgen. Es sollten nicht mehr als vier bis sechs Früchte pro Pflanze reifen. Da die Pflanze getrennte Blüten hat, muss man ggf. von Hand bestäuben. Melonen sind reif und können geerntet werden, wenn sie einen rissigen Stielansatz haben und leicht duften. Nach der Ernte faulen Melonen nicht, wenn man ein Brett unter die Früchte legt.

Mispel

Die Sonne liebende Mispel wird gerne als Zierstrauch gepflanzt, ihre Früchte schmecken angenehm.

Obstbaumblüte

Regennasse Blüten werden nur schwer befruchtet, man sollte gleich nach dem Regen einzelne Äste schütteln. Blühende Obstbäume müssen bei längerer Trockenheit ausreichend bewässert werden. Wenn leichte Nachtfröste drohen, hilft es schon, einen Eimer mit Wasser unter den Bäumen aufzustellen. Das Wasser verdunstet und bildet einen Nebel, der leichten Frost abweisen kann.

Man schützt Blüten vor drohendem Nachtfrost, indem man den Baum am Abend mit Wasser übersprüht. Noch wirkungsvoller ist es, wenn man dem Sprühwasser Baldrianblütenextrakt beigibt. Hat man das am Abend verpasst, so kann man noch am Morgen vor Sonnenaufgang die Blüten besprengen. Bei Bäumen mit niedrigen Stämmen, Spindelbüschen und Spalierobst hilft es auch, über Nacht Teelichter unter mehreren umgestülpten Blumentöpfen brennen zu lassen.

Die Blüte lässt sich in die frostfreie Zeit hinauszögern, wenn man im Winter auf gefrorenem Boden eine dicke Schicht kalten Mist auf die Baumscheibe legt. Den Mist entfernt man, wenn die Zeit der starken Nachtfröste vorbei ist.

Wenn der Baum nicht blühen will, kann man nachhelfen, indem man den Stamm schröpft oder einzelne Äste ringelt oder stranguliert (s. Ringeln, Schröpfen, Strangulieren, S. 80 f.). Bei älteren Obstbäumen, die nicht blühen wollen, kann als letzte Möglichkeit ein Wurzelschnitt helfen.

Obstbäume

Obstbäume gießt man am wirkungsvollsten, wenn man mit einem spitzen Kantholz im Bereich der Kronentraufe einige tiefe Löcher in den Boden schlägt und sie mit Wasser volllaufen lässt. Gerade im Frühjahr während der Fruchtbildung braucht der Baum viel Wasser, außerdem ist Stickstoff wichtig für Blütenbildung sowie Fruchtansatz. Kalium erhöht die Qualität der Früchte. Das Mulchen oder eine Gründüngung der Baumscheibe wirkt sich positiv auf die Früchte aus.

Obstbäume werden weniger von Schädlingen befallen, wenn man ihre Rinde regelmäßig abkratzt; die Wirkung verbessert sich, wenn man die Bürste vorher in Schachtelhalmtee taucht. Die Anzahl der Fraßschädlinge verringert man erheblich, wenn man regelmäßig nach ihnen Ausschau hält. Man achte auf Eigelege, Larven, Raupen, minierte, eingerollte oder anders veränderte Blätter, Gespinste, Schilde, beschädigte und angepickte Früchte und entferne diese.

Obstbaumäste brechen nicht unter der Last ihrer Früchte, wenn man sie rechtzeitig abstützt. Die Früchte schützt man

vor den Vögeln durch Windspiele, Flatterbänder und Mobiles aus Kugeln. Erkranktes Fallobst, Fruchtmumien, befallenes und verfärbtes Laub sowie dürre Zweige bilden Infektionsherde und sollten schnellstmöglich beseitigt werden.

OBSTBÄUME PFLANZEN

Obstbäume werden ab Mitte Oktober gepflanzt, außer wärmeliebende Sorten wie Aprikose und Pfirsich. Der Boden wird gut vorbereitet, die Pflanzgrube großzügig angelegt und der Baum vor der Pflanzung einige Stunden in Wasser gestellt. Der Pflanzlocherde darf man höchstens zu einem Drittel gut ausgereiften Kompost beimischen. Gibt man zu viel Kompost bei, stocken die Wurzeln im Wachstum, wenn sie die umliegende Erde erreichen.

Obstbäume wachsen besser an, wenn man ein paar Handvoll frische, keimfähige Gerstensamen in das Pflanzloch gibt. Die Veredelungsstelle muss etwa 10 cm über der Erdoberfläche stehen. Der Stützpfahl wird bei wurzelnackten Pflanzen vor dem Pflanzen eingeschlagen, bei Ballen- und Containerpflanzen auch nach dem Setzen. Er bleibt stehen, bis der Baum dicker ist als der Pfahl. Nach dem Setzen und Auffüllen des Pflanzlochs gut wässern!

Frisch gesetzte Obstbäume wachsen besser an, wenn man den Stamm das erste Jahr mit Langstroh, Schilf oder Jutebänder einwickelt. Bei jungen Obstbäumen bleibt die Baumscheibe frei; später ist eine Unterpflanzung mit Kräutern und Kapuzinerkresse zur Schädlingsabwehr möglich. Früchte, die sich im ersten Jahr schon bilden, werden frühzeitig entfernt. Im zweiten Jahr lässt man einige wenige Früchte ausreifen. Erst im dritten Jahr nach der Pflanzung ist eine größere Ernte möglich.

Obstbäume schneiden und formieren

Mit dem Obstbaumschnitt will man eine lichte, luftdurchlässige, gleichmäßig aufgebaute, im Idealfall pyramidenförmige Krone erreichen. Nur dann bekommen die Früchte ausreichend Licht und Luft und können gut ausreifen. Hierfür lässt man einen Mittelast und drei bis vier Leittriebe stehen, wobei die Leittriebe auf unterschiedlicher Höhe vom Stamm abzweigen. Man schneidet die Triebe knapp über einer nach außen zeigenden Knospe, der Schnitt verläuft schräg, die Schnittstelle wird geglättet und gründlich mit einem Wundverschlussmittel eingestrichen. Man beginnt im Jahr nach der Pflanzung mit dem Schneiden; Konkurrenztriebe werden entfernt, nützliche Seitentriebe herabgebunden. Eine voll entwickelte Krone muss später nur noch ausgelichtet werden, d. h. man entfernt zu dicht stehendes Fruchtholz, ältere Fruchttriebe und starke Verzweigungen. Alte, innen verkahlende Obstbäume schneidet man radikal zurück, das fördert den Neuaustrieb und verjüngt den Baum.

Schneiden kann man zu jeder Jahreszeit; am unbelaubtem Baum überschaut man aber die Strukturen besser. Der Schnitt im Herbst fördert das Wachstum der Triebe, der Schnitt im Frühjahr hemmt das Triebwachstum und fördert den Fruchtansatz. Schnittwunden verheilen im Sommer besser. Beim Schneiden verwendet man selbstverständlich nur scharfes, gründlich gereinigtes Schnittwerkzeug.

Zum Formieren biegt man im Frühjahr steil wachsende Triebe herunter und zu flach wachsende Triebe hoch. Das Herunterbiegen eines Astes bremst dessen Wachstum, das Hochbiegen fördert es. Es werden nur junge elastische Triebe gebogen und mit einer stabilen Bast- oder Gärtnerschnur festgebunden. Ältere Äste können brechen, sie werden nicht mehr formiert.

Obsthecke

Obsthecken bringen mehr Ertrag, wenn sie in Nord- und Südrichtung ausgerichtet werden. Brombeerhecken sind so dicht, dass sie sich als Abgrenzung des Grundstücks eignen.

Pfirsichbäume

Pfirsichbäume erleiden in kalten Wintern weniger Schaden, wenn man sie vor eine Südwand pflanzt. Sie eignen sich gut als Spalierobst. Sorten mit weißem Fleisch sind robuster; dennoch gelten Pfirsichbäume als anspruchsvoll und frostempfindlich. Wirklich gut gedeihen sie v. a. in Weinbaugebieten. Die meisten Sorten sind anfällig für die Kräuselkrankheit. Nach 15 Jahren bringen Pfirsichbäume meist keine sehr guten Ernten mehr.

Pflaume

Pflaume, Zwetsche, Reneklode und Mirabelle sind anspruchslose, unempfindliche Obstarten, ihre Früchte sind vielseitig verwendbar. Sie alle mögen einen leicht feuchten Boden, gedeihen aber auch an eher ungünstigen Orten. Nicht selbstfruchtbare Sorten brauchen einen Befruchtungspartner in der Nachbarschaft. Pflaumen und ihre Verwandten erntet man erst bei voller Reife.

Pflückreife

Obst erntet man am besten, wenn es seine Pflückreife erreicht hat. Pflück-, Baum- und Erntereife bedeuten das Gleiche. Die

Pflückreife fällt nicht immer mit der Genussreife zusammen. Viele Sorten werden sogar erst nach einer gewissen Lagerzeit genussreif. Kernobst ist baumreif, wenn die Kerne braun sind und sich die Äpfel oder Birnen leicht vom Fruchtzweig lösen lassen. Steinobst, also Kirsche, Pflaume, Pfirsich und Aprikose, sowie Beerenobst ist pflückreif, wenn die Fruchthaut eine schöne, sortentypische Farbe hat. Bei ihnen fallen Pflück- und Genussreife zusammen.

Quitten

Quitten bekommen wesentlich mehr Aroma, wenn man sie nach der Ernte zwei bis drei Wochen lagert. Die harten Früchte werden dann zu Kompott, Gelee oder Konfitüre verarbeitet. Quitten sind auch als Ziergehölz hübsch anzusehen, zur Blüte- und Erntezeit gelten sie als eines der schönsten Obstgehölze. Quitten machen sich gut in Fruchthecken zusammen mit Hasel und Schlehe. Viele Sorten sind frostempfindlich und vertragen keine Staunässe. Ansonsten sind sie pflegeleicht und brauchen keinen regelmäßigen Schnitt. Es reicht, sie alle paar Jahre auszulichten. Erfrorene Zweige und Äste müssen im Frühjahr entfernt werden.

Rhabarber

Die Rhabarberstaude hält sich acht bis zehn Jahre und passt auch in den Ziergarten. Sie braucht gut 1 m Abstand zu ihrem Nachbarn, einen tiefgründig gelockerten Boden und Kompost. Rhabarber gedeiht auch noch im Schatten einer Mauer oder

von Bäumen. Wer im Januar die Staude schützt, etwa indem er einen Kübel über die Pflanze stülpt, kann früher ernten.

Wenn man Wurzelstücke, die beim Teilen der Rhabarberpflanze im Herbst übrig bleiben, in feuchten Rindenhumus einschlägt und kühl und dunkel lagert, dann kann man an ihnen im Frühjahr zarte Rhabarberstiele ernten. Rhabarber erntet man, indem man die Stiele ausbricht (nicht abschneidet!), und die Blätter von den Stielen reißt. Durch das Ausbrechen der Stiele wird eine Verletzung der neuen Triebe vermieden. Rhabarber wirkt abführend und sollte roh nicht von Kleinkindern und auch nicht in großen Mengen gegessen werden. Rotstielige und rotfleischige Sorten gelten als besonders mild und aromatisch.

Ringeln, Schröpfen, Strangulieren

Dies sind Maßnahmen, die blühfaule Obstbäume beleben sollen.

RINGELN

Beim Ringeln entfernt man im Frühjahr um den unfruchtbaren Ast nahe am Astansatz einen etwa 2 mm schmalen Rindenstreifen. Die Pflanzensäfte bleiben im Ast, der im darauffolgenden Jahr reichlich Blütenknospen bildet. Wenn junge Bäume zu stark wachsen und deshalb keine Blüten bilden, kann man sie abbremsen, indem man einen halben Stammumfang 1–2 cm breit ringelt. Nie den ganzen Stamm ringeln!

SCHRÖPFEN

Beim Schröpfen regt man schwache Seitentriebe zum Wachsen an, indem man mit einem scharfen, desinfizierten Messer die Rinde einkerbt. Bei jungen Obstbäumen fördert ein Schröpfen des Stammes das Dickenwachstum. Dazu kerbt man die Rinde auf der Nordseite des Stammes ein- bis dreimal von oben nach unten ein.

STRANGULIEREN

Zum Strangulieren legt man im Frühjahr einen dicken Draht um den blühfaulen Ast und dreht ihn zu, sodass der Saftfluss stockt. Im Herbst wird der Draht wieder entfernt. Strangulieren darf man nur einzelne jüngere Äste an stark wachsenden Obstbäumen. Bei allen Maßnahmen darf das Holz nicht verletzt werden! Die Wunden müssen sorgfältig mit Baumwachs verschlossen werden. Falsch angewendet, können diese Maßnahmen die behandelten Äste zum Absterben bringen.

Sanddorn

Sanddorn ist ein Großstrauch mit weiblichen und männlichen Pflanzen. Man schätzt an diesem Wildobst die Vitamin-C-reichen Früchte.

Sauerkirsche

Die Sauerkirsche, Amarelle oder Weichsel ist ein anspruchsloses, winterhartes Obst und weniger empfindlich als die Süßkirsche. Die meisten Arten befruchten sich selbst, einige brauchen einen Partner. Da sie am einjährigen Holz fruchten, müssen sie jährlich geschnitten werden. Die Früchte werden meist verarbeitet.

Schlafende Knospen

Schlafende Knospen bringt man zum Austreiben, indem man die Rinde oberhalb der Knospe mit einem scharfen Schnitt leicht einkerbt. Man sollte darauf achten, dass das Holz nicht verletzt wird. Gerade beim Spalierobst erreicht man durch gezielte Manipulation einen gleichmäßigen Wuchs.

Spalierobst

Spalierobst erlaubt Obstanbau auf kleinstem Raum sowie die Pflege wärmebedürftiger, empfindlicher Sorten. Ein Abstand des Spalierobsts zur Mauer von 15–20 cm verhindert einen Wärmestau. Frei stehende Spaliere richtet man in Nord-Süd-

Richtung aus. Die Äste werden mit Langstroh oder Binsen angebunden. Dicke Mauern mit einem dunklen Anstrich als Hintergrund speichern tagsüber die Wärme und geben sie nachts ab. Dünne Bretterwände als Hintergrund reflektieren Licht und Wärme besser mit einem hellen Anstrich.

Für den Ertrag ist die richtige Sortenwahl und eine geeignete, nämlich schwach wachsende Unterlage entscheidend. An der sonnigen, warmen und trockenen Südwand gedeihen Birnen, Pfirsiche und Weinreben. Die kühle, feuchte und schattige Nordwand vertragen Sauerkirschen. An der oft feuchten Westwand wachsen einige Birnen- und Apfelsorten. Die Ostwand hingegen ist kühl, aber trocken und windgeschützt und somit gut für Aprikosen, Pfirsiche und einige Birnensorten.

Spalierobst muss zum richtigen Zeitpunkt den richtigen Schnitt erhalten. In den ersten Jahren ist hierzu ein großer Aufwand erforderlich. Im Sommer werden mehrmals junge Seitentriebe gekürzt, im Winter die Haupttriebe. Alle Seitentriebe werden in eine Ebene gezogen. Wer keine Erfahrung in der Erziehung von Spalierobst hat, kauft vorgezogene Exemplare aus der Baumschule.

Spindelobst

Die Spindel ist eine besondere Form eines Obstbaums und eignet sich für kleinere Gärten, weil sie niedriger bleibt und weniger ausladend wird als ihre großen Geschwister. Ihre Krone besteht aus mehreren, fast waagerecht wachsenden, kurzen Seitenästen, an denen das Fruchtholz gebildet wird. Damit er so wächst, wird der Spindelbaum formiert, d. h. die Triebe werden frühzeitig in die gewünschte Richtung gebunden bzw. abgespreizt. Spindelbäume tragen schon im zweiten, spätestens im dritten Jahr Früchte. Ihre geringe Höhe erleichtert die Ernte. Ballerinas sind Superspindeln oder Säulenformen für Obstbäumchen, die in Kübeln gehalten werden. Bei ihnen setzt das Fruchtholz direkt am Stamm an.

Stachelbeeren

Stachelbeeren bevorzugen kalkhaltigen Boden. Bei schwerem Fruchtbehang verhindert man durch Stützen und vorzeitige Ernte, dass die Zweige zu schwer werden und abbrechen.
Sie können schon halb reif geerntet und zu Konfitüre oder Kompott verarbeitet werden. Wenn man die eine Hälfte der Früchte noch grün erntet, wird die andere Hälfte besonders groß und süß. Diese zweite Hälfte ist ideal zum sofortigen Essen.

Standort

Obst gedeiht dort am besten, wo es frei und offen steht und die volle Sonne abbekommt. Hat man mehrere Bäume, dann setzt man sie so, dass die Mittagssonne jeden Baum erreicht und die Kronen genügend Platz zum Ausbreiten haben. Generell für Obstbäume ungeeignet ist ein nasser Boden, Staunässe, magerer Sand oder kiesiger Untergrund.

Steinobst

Steinobstbäume, hierzu zählen Kirschen, Pflaumen, Pfirsiche, Aprikosen, Mirabellen, Zwetschen und Renekloden, neigen zu Gummifluss und sollten nur überlegt geschnitten werden, denn Steinobst verkraftet Schnittfehler noch schwerer als Kernobst. Im Sommer verheilen Wunden schneller. Die Früchte sind reif, wenn sie fein duften und sich leicht eindrücken lassen. Sie bleiben länger frisch und saftig, wenn man sie mit Stiel erntet. Zum Lagern bettet man sie auf trockenem Stroh oder Holzwolle. Wenn man Steinobst selbst säen möchte und die Kerne nicht aufgehen, hilft es, die Kerne mit Kleie zu vermischen und beides angefeuchtet in einen Tontopf zu füllen.

Strauchobst

Strauchobst wie Johannisbeeren, Stachelbeeren oder Brombeeren, aber auch die Haselnuss, eignet sich gut als Heckenpflanze.

Stützpfahl

Der Stützpfahl an Obstbaum, Spindelbaum oder Spalierobst wird vor der Pflanzung eingeschlagen, um die Wurzel nicht zu verletzen. Er steht immer auf der Windseite des Baumes. Der Pfahl ist ausreichend hoch, wenn er bis an die Krone reicht. Um Pfahl und Stamm schlägt man einen Kokosstrick in Form einer Acht. Der Stützpfahl kann entfernt werden, wenn der Baum ausreichend standfest ist; spätestens jedoch dann, wenn der Stamm dicker ist als der Pfahl.

Süßkirsche

Süßkirschbäume erreichen oft mächtige Ausmaße. Für die erfolgreiche Befruchtung muss zur Zeit der Blüte in der Nachbarschaft immer ein zweiter Baum als Pollenspender blühen. Hierfür eignen sich andere Süßkirschensorten sowie Sauerkirschen. Frühe Sorten sind durch Spätfrost gefährdet, späte Sorten werden häufig von der Kirschfruchtfliege befallen. Dieser Schädling lässt sich mit gelben Leimfolien oder Gelbtafeln ablenken. Gelbtafeln gibt es im Handel zu kaufen, sie müssen zum richtigen Zeitpunkt in den Baum gehängt werden. Wintertemperaturen von unter −20 °C können zu Holzschäden bei den Süßkirschen führen. Herzkirschen sind weicher, der Saft ist kräftig gefärbt, die Frucht schmeckt süß und aromatisch. Knorpelkirschen hingegen sind fester und haltbarer, dafür aber weniger aromatisch. Reife Früchte platzen bei Regen. Kirschbäume neigen zu Harz- oder Gummifluss (s.S.180); hierbei scheidet das Holz schon bei kleinsten Verletzungen einen bräunlichen, zähflüssigen Wundgummi aus. Beim jungen Kirschbaum kann man durch rechtzeitiges Schröpfen im ersten Frühjahr nach der Pflanzung dem Gummifluss vorbeugen.

Trocknen und Dörren

Apfelringe kann man auf Schnüre oder Stäbe hängen und über dem Herd trocknen lassen. Im Backofen wird es zum Trocknen meist zu heiß. Pflaumen oder Zwetschen trocknet man als ganze Frucht. Der Kern lässt sich aus der getrockneten Frucht leicht herausdrücken, danach fertig trocknen lassen. Sauerkirschen kann man an heißen Tagen in der Sonne trocknen lassen. Nüsse lässt man flach ausgebreitet an einem warmen Ort langsam trocken, dann halten sie sich etwa zwölf Monate lang.

Veredeln

Alle Obstgehölze sind veredelt, d.h. die gewünschte Obstsorte wird auf eine passende Unterlage aufgepfropt. Die Veredlungsstelle liegt etwa 10 cm über der Erdoberfläche. Sie darf nie von Erde bedeckt werden. Aus der Unterlage wachsende Wildlinge müssen entfernt werden.

Verjüngungsschnitt

Ein Verjüngungsschnitt ist oftmals bei 10–15 Jahre alten Obstbäumen angebracht, auch bei jahrelang vernachlässigten Bäumen. Dabei wird die gesamte Krone um ein Viertel bis ein Drittel zurückgeschnitten. Auf den verbliebenen Zweigen wird die neue Krone aufgebaut. Je stärker die Krone vergreist ist, desto stärker und radikaler erfolgt der Rückschnitt. Verkahlte Bäume tragen im inneren Teil der Äste und Zweige keine Blätter oder Blüten. Man hilft dem Baum, indem man junge Nebenäste an den Leitästen anbindet und sie zum Ersatz der alten Leitäste heranzieht.

Walnuss

Die Walnuss ist als attraktiver und anspruchsloser Zierbaum beliebt, der zudem Nüsse gibt. Da er aber gewaltig in die Breite wächst und starken Schatten wirft, eignet er sich nur für größere Gärten. Die Nüsse schüttelt man herunter und lässt sie trocknen. Dann kann man sie gut ein Jahr lagern. Eine Unterpflanzung ist kaum möglich. Das Laub des Walnussbaums darf nicht in den Kompost.

Weinrebe

Weinreben brauchen Kletterhilfen und müssen sorgfältig geschnitten werden. Die Trauben reifen nur an warmen Standorten.

Wurzelbewässerungssystem

In besonders trockenen Jahren werfen Obstbäume leicht Blüten und Früchte ab. Hier hilft ein einfaches Wurzelbewässerungssystem, das man folgendermaßen anlegt: Man versenkt in vorgebohrte tiefe Löcher im Bereich der Kronentraufe der Bäume Dränagerohre aus Ton und füllt sie mit Wasser auf.

Zitronenbäumchen

Zitronenbäumchen mögen keine pralle Sonne und gedeihen besser, wenn sie im Winter kühl, aber hell gehalten werden. Sie wachsen kräftiger, wenn man sie einmal jährlich in ihrer Ruhezeit zurückschneidet. Zum Gießen verwendet man nur

kalkarmes Wasser; zur Blüte- und Reifezeit vertragen sie alle ein bis zwei Wochen Dünger. Fruchttragende Pflanzen sollte man stützen.

Zwetschen und Pflaumen

Zwetschen und Pflaumen erntet man an einem trockenen Tag. Der Stiel wird dabei mitgepflückt. Zwetschen kann man auch durch Schütteln ernten. Halb reif geerntete Zwetschen reifen nicht mehr aus. Pflaumen reifen nach, wenn sie in Brennnesseln gelagert werden.

Zum Lagern lässt man die Zwetschen und Pflaumen einige Tage an einem luftigen Ort ausdünsten; das geht auch im Garten. Will man auch später noch Zwetschen wie frisch gepflückt, dann schichtet man sie in einem Gefäß mit Weizenmehl auf, sodass sich die Früchte nicht berühren, und verschließt das Gefäß luftdicht. Die Früchte können nun portionsweise entnommen werden. Man wäscht das Mehl ab und hält die Zwetsche kurz in einem Sieb über einen Topf mit kochendem Wasser. So schmeckt sie wie frisch.

Beim Trocknen oder Dörren im Dörrofen lässt man die Hitze anfangs nicht zu hoch werden. Die Früchte öfter wenden und durcheinandermengen. Sobald sie geschrumpft sind, drückt man den Kern heraus und dörrt die Früchte fertig. Fertig gedörrtes Obst bleibt im Ofen, bis die Früchte abgekühlt sind.

Gemüse-garten

Anbauplanung

Um die Gemüsebeete optimal nutzen zu können, empfiehlt sich eine längerfristige Planung. Zuerst werden die Hauptkulturen ausgewählt, z. B. Tomaten oder Kohl, denn sie brauchen viel Platz und belegen die längste Zeit das Beet. Danach sucht man geeignete Partner, etwa ist Schnittsalat bis Mitte Mai, wenn die Tomaten gepflanzt werden, fertig zur Ernte. Er kommt als Vorkultur aufs Beet. So arbeitet man sich durch die Saison, bis das Beet durchgehend belegt ist. Wenn man kurzlebige Kulturen zeitlich staffelt, verlängert man die Erntezeit. Die Hauptkulturen werden nach ihrem Nährstoffbedarf (Stark-, Mittel- oder Schwachzehrer) angeordnet. Sie sollten frühestens nach drei Jahren wieder auf die gleiche Fläche angebaut werden. Aufeinanderfolgende Kulturen dürfen nicht aus der gleichen Pflanzenfamilie stammen. Auch müssen z. B. zwischen Kreuzblütlern und Gänsefußgewächsen Anbaupausen eingehalten werden. Kräuter zwischen den Gemüsearten wirken sich oftmals günstig aus, fördern das Wachstum oder wehren Schädlinge ab.

Antreiben, Vortreiben, Keimung fördern

Durch An- oder Vortreiben unterbricht man die Wachstumsruhe, fördert die Keimung und kann früher ernten. Jede Art hat ihre speziellen Bedürfnisse. Hier einige Beispiele: Hartschalige Samen keimen besser, wenn man sie vor der Aussaat ins Wasser legt. Langsam keimende Arten wie Möhren treiben besser aus, wenn man Dillsamen untermischt.

Salat keimt gerne im Kühlen. Im Sommer hilft man den Samen, indem man sie einen Tag lang in den Kühlschrank stellt. Paprika keimt im Warmen, dazu stellt man sie aufs Fensterbrett über den Heizkörper oder an den Ofen. Lauch keimt in der Wärme nur langsam; es gelingt besser, wenn die Aussaat beschattet wird. Petersilie sät man in schweren Böden erst im Juli oder August aus, wenn die Erde warm ist.

Auberginen keimen besser, wenn sie einen Tag in Wasser ba-

den und vorgequollen sind. Gurken und Melonen keimen gut in feucht gehaltenem Sägemehl. Erbsen, Bohnen und Gurken keimen schneller, wenn man sie einige Stunden in Milch legt; ähnlich wirkt auch Kamillentee. Kartoffeln wachsen schneller, wenn man sie vor dem Pflanzen zum Austreiben bringt. Für alle Aussaaten gilt: Besser als gießen ist es, die Erde am Abend vor der Aussaat gut zu durchfeuchten bzw. gründlich zu gießen und später häufig zu lockern. Bei der Anzucht in einer Schale legt man eine Glasscheibe über die Schale, die man einmal am Tag in kaltes Wasser taucht und nass wieder auflegt. Die Sämlinge kann man umsetzen, sobald sich das erste richtige Laubblattpaar gebildet hat. Bevor man sie ins Freie setzt, muss man sie langsam abhärten.

Artischocken

Artischocken vermehrt man durch Teilung. Sie können im Garten überwintern, wenn man ihnen das Laub abschneidet, einen Blumentopf über die Pflanze stülpt und das Ganze rundum fest mit Erde bedeckt. Bei Frost wird der Hügel zusätzlich mit Laub oder Stroh geschützt. In milderen Gegenden kann ein guter Winterschutz ausreichen. Den Wurzelbereich mit Fichtenreisig abdecken. Artischocken entwickeln im Herbst große purpurblaue Blüten und bereichern als Solitärstaude den Garten.

Aubergine

Die wärmeliebende Aubergine, ein Nachtschattengewächs wie Tomate, Paprika oder Kartoffel, gedeiht besser unter Glas oder Folie. Die Früchte werden größer, wenn man die Pflanze auf drei bis vier Haupttriebe mit jeweils zwei bis drei Blütenansätzen zurückschneidet. Damit die Bestäubung besser gelingt, schüttelt man die blühenden Triebe vorsichtig.

Ausdünnen

Beim Ausdünnen entfernt man die schwachen Sämlinge und lässt nur die kräftigsten stehen. Wenn man mehrmals ausdünnt, erkennt man die kräftigen und schwachen Pflanzen besser. Am Ende des Ausdünnens sollten die verbleibenden Pflanzen den idealen Abstand zueinander haben.

Aussaat

Samen sind widerstandsfähiger, wenn sie vor der Aussaat gebeizt werden. Sie werden seltener von Pilzen befallen, wenn man sie 25 Minuten in etwa 50 °C heißes Wasser hängt. Noch besser wirkt eine Beize mit Schachtelhalm. Kohl bildet bessere Köpfe, wenn man seine Samen mit Baldrian beizt. Gemüsesamen kommt meist so tief in die Erde, wie er selbst dick ist, Knollen- und Lauchgewächse jedoch tiefer.

Beeteinfassungen

Im eingefassten Beet ist das angepflanzte Gemüse besser vor Wind und Frost geschützt. Außerdem verhindert die Einfassung, dass die Erde vom Beet krümelt oder wegrutscht. Es muss nicht immer der Buchs sein, als Einfassungspflanzen eignen sich auch Schnittlauch, Thymian oder Sauerampfer.

Blattgemüse

Blattgemüse wie Spinat, Salat oder Kohl hat mehr Geschmack, wenn man es am Abend erntet.

Bleichen

Beim Bleichen bleiben Sprossen oder Blätter durch Lichtmangel weiß. Bleichgemüse schmeckt zarter als grünes Gemüse.

Je nach Gemüseart wird anders gebleicht. Man kann Erde anhäufeln (Porree, Spargel), das Gemüse mit Erde abdecken (Chicorée), die Blätter zusammenbinden oder eine Bleichhaube darüberstülpen.

Bleichsellerie

Mit dem Bleichen beginnt man, wenn die Blattstiele etwa 2 cm breit sind, aber die inneren Blätter noch von den äußeren Blättern umschlossen sind. Man bindet die Selleriepflanzen zusammen und umwickelt sie z. B. mit Stroh oder mit dunkler Folie. Das Bleichen dauert etwa zehn Tage. Man kann Sellerie auch in der Erde bleichen, wenn man die Pflanzen in etwa 30 cm tiefe Gräben einsetzt, die Blattstiele mit Papier umwickelt und die Pflanzen anhäufelt. Hierbei sollten allerdings die Blattspitzen noch zu sehen sein. Moderne Sorten besitzen bereits weiße bis hellgelbe Blattstiele.

Blumenkohl

Wenn der Kopf zu klein bleibt, ist möglicherweise der Boden zu sehr verdichtet. Blumenkohlpflanzen vertragen sich im Beet gut mit Dill, Salat und Sellerie. Blumenkohl wird schön weiß, wenn man seine Blätter oben zusammenbindet oder den Kopf durch ein umgeknicktes großes Blatt vor Sonnenbestrahlung schützt.

Er wird geerntet, sobald der Kopf am Rand etwas locker wird. Blumenkohlpflanzen, die im Oktober mit Wurzeln im Keller in feuchten Sand eingeschlagen werden, wachsen noch weiter. Blumenkohl bleibt weiß, wenn man Vitamin C oder Zitronensäure ins Blanchierwasser gibt. Blumenkohl, der gelb geworden ist, wird wieder weiß, wenn man beim Kochen dem Wasser etwas Milch zugibt. Er schmeckt noch besser, wenn man zum Kochen Mineralwasser verwendet, und riecht beim Kochen nicht so streng, wenn man dem Wasser ein Lorbeerblatt zugibt. Farbige Blumenkohlsorten enthalten mehr Vitamine als weißer Blumenkohl.

Bohnen

PFLEGE

Bei Trockenheit müssen Bohnen ausgiebig mit Wasser versorgt werden. Ein ausreichend großer Abstand zwischen den einzelnen Pflanzen schützt vor der Ausbreitung von Pilzkrankheiten. Blätter mit zunächst hellgelben, später schwarzbraunen Flecken (Bohnenrost, s. S. 174) müssen sofort entfernt und vernichtet werden.

ERNTE

Bohnen sind pflückreif, wenn sie beim Biegen brechen. Beim Pflücken hält man den Stängel fest, da die Bohnenpflanze leicht aus der Erde herausgerissen wird. Die Ernte beginnt etwa zehn Wochen nach der Aussaat und zieht sich bis in den Herbst. Wenn man Bohnen früh am Morgen erntet, haben sie mehr Geschmack. Stangenbohnen bringen eine reichere Ernte, wenn man sie waagerecht zieht. Man kann auch eine Bohnenpyramide als Blickfang ins Blumenbeet setzen. An der Pyramide werden die Bohnenranken in Spiralen rundum nach oben geführt. Feuerbohnen sind ansprechende Zier- und Kletterpflanzen. Sie werden jung gepflückt, da sonst die Hülse hart wird. Bei der Buschbohne kann man nach der Ernte Stängel und Kraut als Gründünger in die obere Bodenschicht einarbeiten. Die Wurzel bleibt im Boden.

ZUBEREITUNG

Bohnen behalten beim Kochen ihre grüne Farbe, wenn sie in nur schwach gesalzenem Wasser und ohne Deckel gegart werden oder wenn man dem Kochwasser etwas Zucker beigibt. Grüne Bohnen sollten nicht roh verzehrt werden, da sie Spuren von Blausäure enthalten. Wenn die Fäden der Bohnen sich nur schwer entfernen lassen, legt man sie kurz in kochendes Wasser. Getrocknet halten grüne Bohnen drei bis vier Jahre. Hierfür hält man sie kurze Zeit in kochendes Wasser, gibt sie noch warm in den Dörrofen und trocknet sie bei

40–50 °C. Die einzelnen Bohnen dürfen sich nicht berühren. An der Luft getrocknete Bohnen schmecken rau und zäh.

BOHNENSAMEN

Bohnensamen keimen schneller, wenn man sie vor dem Aussäen über Nacht in Milch oder Milchwasser legt. Sie sollten nicht tiefer als 3–4 cm in die Erde gesetzt werden. Wenn man zum Vorkeimen Töpfe aus Naturfasern benutzt, kann man sie später ins Beet mit einpflanzen. Dicke Bohnen (Sau- oder Puffbohnen) können schon ab Mitte Februar ins Beet. Man kann sie beispielsweise an die Ränder eines Kartoffelbeetes stellen. Bei allen anderen Bohnenarten wartet man bis Mai.

BOHNENSTANGEN

Bohnenstangen aus Holz oder gewelltem Stahl kann man einzeln oder auch im Verband stellen. Werden die Stangen in zwei Reihen an ihren oberen Enden zusammengebunden, so ist es sinnvoll, sie mit einer zusätzlichen Querstange fest miteinander zu verbinden.

Brokkoli

Brokkoli enthält mehr Vitamine als Blumenkohl und eignet sich hervorragend als Vor- oder Nachkultur. Bei zu warmem Wetter entwickeln sich nämlich sehr schnell die Blüten.

Chicorée

Chicorée gräbt man im Spätherbst aus. Wenn möglich, lässt man ihn noch einige Tage auf dem Beet im Schatten liegen.

Zum Einlagern wird das Laub bis knapp über der Wurzel abgeschnitten und die Wurzel in feuchten Sand gesteckt. Im kühlen Keller lagern. Zum Treiben nimmt man Chicoréewurzeln mit 3–8 cm Durchmesser. Wurzeln dabei gründlich abbürsten und senkrecht nebeneinander in einen Eimer stellen, der 10 cm mit Erde befüllt ist. Erde nachfüllen, kräftig angießen und bei 12–18 °C aufstellen. Über der Wurzel sollten mindestens 10 cm, besser 20 cm Erde liegen. Neuere Sorten müssen zum Treiben nicht mit Erde abgedeckt werden; man deckt die Wurzeln mit dunkler Folie ab oder stellt sie in einen dunklen Raum. Wenn der Eimer ein Abzugsloch im Boden hat, kann man ihn in ein wassergefülltes Gefäß stellen. Die Wurzeln nicht von oben gießen. Nach fünf bis sechs Wochen kann man die Chicoréesprossen ernten. Die Sprossen bewahrt man in Papier eingewickelt im Kühlschrank auf.

Einjährige Arten

Einjährige Gemüsearten wachsen am erfolgreichsten, wenn man sie gleich auf dem vorgesehenen Beet aussät. Das Vorziehen sollte man auf frostgefährdete, empfindlichere oder spät keimende Pflanzen begrenzen. Schwächere Sämlinge werden entfernt.

Endivie

Endivie schießt ins Kraut, wenn sie zu früh gesät wird. Der Salat verträgt sich im Beet gut mit Kohl und Porree. Sommerendivien schmecken weniger bitter, wenn die Köpfe gebleicht werden. Dazu bindet man die Köpfe 14 Tage zusammen. Winterendivien werden ebenfalls gebleicht, sobald die Blätter das Beet bedecken. Winterendivie wird mit eingebundenen Köpfen im Keller in Sand eingeschlagen.

Erbsen

AUSSAAT

Erbsen keimen schneller, wenn man sie vor dem Aussäen einen Tag lang in eine Mischung aus Wasser und Milch legt. Man kann sie auch in Kamillentee vorquellen lassen. Erbsen sät man am besten um den 10. April herum. Die Erbsenpflanzen stehen besser, wenn man die Samen 8–10 cm tief legt.

In Einzelreihen gezogen, kann der Wind immer ungehindert durch die Blätter streichen. Zwischen die Reihen setzt man Radieschen, Möhren, Kohlrabi, Salat oder Fenchel. Erbsen eignen sich auch für eine Mischkultur mit Gurken; am Beetrand in Reihe gesetzt schützen sie nämlich die empfindlichen Gurken vor Wind und zu viel Sonne. Erbsen sollte man frühestens nach vier bis fünf Jahren wieder auf dieselbe Fläche setzen.

PFLEGE, ERNTE UND VORBEUGUNG GEGEN KRANKHEITEN

Buchenholzkohle in den Saatreihen von Erbsen beugt Krankheiten und Schädlingsbefall vor. Sie werden seltener vom Blattrandkäfer befallen, wenn man die jungen Pflanzen reichlich gießt. Je schneller sie hoch wachsen, desto geringer ist der Befall. Sie werden seltener von Erbsenwickler-Larven befallen, wenn man sie sehr früh oder sehr spät sät. Morgens oder abends geerntete Erbsen schmecken besser. Erbsen behalten ihre Farbe beim Kochen und schmecken besser, wenn man dem Kochwasser etwas Zucker beigibt.

Ernte

Die Erntereife hängt von Aussaattermin, Sorte, Witterung, Boden und Pflege ab. Durch geeignete Maßnahmen wie An- oder Vortreiben (s. S. 89 f.) kann man die Ernte vorziehen. Kurz vor der Ernte gibt man keine stickstoffreichen Dünger mehr. Fruchtgemüse wird ganz reif geerntet. Fruchthülsen von Bohnen und Erbsen bleiben zart, wenn man sie unreif erntet. Blattgemüse, Salat und Blumenkohl bilden bei war-

mer Witterung und langen Tagen frühzeitig Blüten (sie schießen aus). Wurzel- und Knollengemüse erntet man jung, klein
und zart oder richtig groß. In trockenen Sommern können
Wurzeln und Knollen verholzen. Kräuter besitzen kurz vor
der Blüte den höchsten Aromagehalt. Abends geerntetes Gemüse enthält mehr Stärke als morgens.

Fenchel

Fenchel und Kümmel sollte man im Kräuterbeet auf keinen
Fall nebeneinander pflanzen. Sie können einander nicht „rie-
chen" und kümmern bei zu dichter Pflanzung vor sich hin.
Fenchel verträgt sich auch nicht mit Dill und Koriander, ist
aber ein guter Nachbar für Erbsen, Gurken, Salat, Salbei. Fenchel wird spät, aber noch vor den ersten stärkeren Frösten
geerntet und lässt sich wochenlang im kühlen Keller lagern.
Gewürzfenchel bildet keine Knolle; man verwendet die frischen Blätter und die getrockneten Samen. Fencheldolden
werden geschnitten, solange die Samenkörner noch grün
sind.

Fruchtfolge

Eine durchdachte Fruchtfolge vermeidet Bodenmüdigkeit.
Auf keinen Fall sollte man auf der gleichen Fläche mehrere
Jahre hintereinander die gleichen Pflanzen anbauen. Kohl
oder Tomaten dürfen sogar nur alle drei bis vier Jahre auf
das gleiche Beet. Bewährt hat sich die Einteilung nach den
Nährstoffansprüchen. Im Herbst wird das Beet mit Mist oder
Kompost gedüngt. Im folgenden Frühjahr pflanzt man Starkzehrer wie Kohl, Kürbis, Gurke, Melone, Tomate oder Kartoffel. Im zweiten Jahr folgen Mittelzehrer wie Wurzelgemüse
und Blattgemüse, also Karotte, Salat, Zwiebel, Spinat usw. Im
dritten Jahr kommen Schwachzehrer auf das Beet, etwa Boh-
ne und Erbse. Danach beginnt man von vorne oder man setzt
für die nächsten vier bis sechs Jahre eine Dauerkultur, etwa
Erdbeerpflanzen.

Fruchtwechsel

Mit Fruchtwechsel bezeichnet man den wechselnden Anbau von Gemüse verschiedener Arten oder gar Pflanzenfamilien. Das verhindert die Ausbreitung von arttypischen Krankheiten und Schädlingsbefall. Häufig vorkommende Pflanzenfamilien sind Korbblütler (Salate), Kreuzblütler (Kohl, Radieschen, Rettich, Kresse), Doldenblütler (Möhre, Sellerie, viele Kräuter), Zwiebelgewächse (Zwiebel, Schnittlauch, Porree, Spargel), Schmetterlingsblütler (Bohnen, Erbsen, viele Gründüngerarten), Gänsefußgewächse (Spinat, Mangold, Rote Bete), Kürbisgewächse (Gurke, Kürbis, Zucchini, Melone) und Lippenblütler (viele Kräuter).

Gemüsebeete

Gemüsebeete in Nord-Süd-Richtung erhalten gleichmäßig Sonne und verlaufen quer zum Westwind. Bei einer Breite von etwa 1,2 m lassen sich alle Pflanzen gut erreichen. Sie müssen nicht rechteckig angelegt werden. Denkbar sind auch kreis- oder halbkreisförmige Beete, in der Mitte vielleicht ein Rondell mit Kräutern, oder gemischte Beete mit Zier- und Gemüsepflanzen.

Gemüseernte lagern

Eine gute Anbauplanung beugt einer zu großen Ernte vor. Gemüse hält sich nach der Ernte länger frisch, wenn es mit Wasser besprengt in einen Bogen unbedrucktes Papier eingeschlagen wird. Gemüse, das gelagert werden soll, wird bei trockenem Wetter geerntet, sollte aber nur unbeschädigt eingelagert werden. Der Lagerraum muss frostfrei, aber kühl sein, und darf nicht zu feucht oder zu trocken sein. Die Luftfeuchtigkeit reguliert man durch das Aufstellen von mit Wasser gefüllten Eimern bzw. mit salzgefüllten Schalen. Gemüse und Obst werden getrennt gelagert. Kohl und Endivien hängt man mit dem Kopf nach unten am Strunk auf, die anderen Kohlsorten und Chicorée werden in Zeitungspapier eingewickelt. Wurzelgemüse hält sich mehrere Wochen lang, wenn man es in einer Kiste lagert und mit leicht feuchtem Sand bedeckt. Zwiebeln werden trocken gelagert.

Gemüse lässt sich auch im Garten lagern. Hierzu wird das Frühbeet 10 cm hoch mit Sand aufgefüllt, das Gemüse ausgebreitet und mit Erde abgedeckt. Darüber kommt wieder eine Schicht Sand. Bei Frösten schützt man das Beet zusätzlich mit Strohmatten. Früher hob man extra 50 cm tiefe Gruben zum Lagern aus. Das Gemüse kam schichtweise in die Grube, darüber packte man Stroh oder trockenes Laub und deckte das Ganze mit Erde ab. Ein feinmaschiges Netz schützte die Ernte vor Wühlmäusen.

Grünkohl

Grünkohl wird schmackhafter, wenn er die ersten Frostnächte im Garten verbracht hat. Ist der Winter nicht allzu streng, dann kann der Kohl bis zum Frühjahr auf den Beeten bleiben und man erntet ihn den ganzen Winter über. Grünkohl treibt im Frühjahr wieder kräftig aus, wenn man im Herbst und Winter lediglich die Blattschöpfe schneidet.

Gurken

Aussaat und Anpflanzung

Wer Gurken aus eigenem Saatgut pflanzen will, sollte Samen nehmen, die zwei bis drei Jahre alt sind, und diese in Baldrian beizen.

Sie keimen auch schneller, wenn man sie vor der Aussaat in Milch einlegt. Die Samen legt man dann in eine 5 cm tiefe Mulde und deckt sie zwei Fingerbreit mit Waldkompost zu. Die Mulde wird erst geschlossen, wenn die Pflanze fünf bis sechs Blätter hat. Man pflanzt sie in Reihen von 1 m Abstand. Um diese Zwischenräume sinnvoll zu nutzen, bis die Pflanzen groß sind, kann man als Zwischenkultur Salat oder Radieschen pflanzen.

Gurkenpflanzen gedeihen besonders gut im (Wind-)Schutz von Stangenbohnen oder Mais.

Pflege

Große Gurkenpflanzen bekommen einen besseren Halt, wenn man die Ranken etwas abschneidet und die Schnittstellen in die Erde steckt, sodass sich dort Wurzeln bilden können. Sie entwickeln auch bessere Seitentriebe mit reichlich Blüten, wenn man die Spitze der Jungpflanzen abkneift, sobald das dritte Blatt gewachsen ist. Gurken wachsen besser und werden weniger bitter, wenn sie morgens mit lauwarmem Wasser gegossen werden; kein Kalkwasser verwenden. Vorsicht, die Pflanzen mögen kein Wasser auf den Blättern. Ein Rankgerüst lässt Regenwasser rasch abtropfen. Kaltes Wasser auf den Gurken begünstigt Mehltau (s. S. 186). Nach längerer Trockenheit müssen sie kräftig gegossen werden. Gurkenpflanzen „holen sich das Wasser selbst", wenn man einen Wolllappen gründlich durchfeuchtet und das eine Ende in einen Wassereimer und das andere Ende um den Wurzelbereich legt. Gurken faulen auch in nasskalten Sommern kaum, wenn man unter die Früchte Glasscheiben legt.

Vorbeugung gegen Krankheiten

Eine Ansteckung des gesamten Gurkenbeetes mit Mehltau vermeidet man, wenn man erkrankte Pflanzen sofort nach den ersten Anzeichen mitsamt den Wurzeln ausreißt und vernichtet.

Ernte und Lagerung

Gurken werden am besten mit einem Messer oder einer Schere geerntet, das vermeidet Verletzung an Frucht und Ranke. Man fasst sie dabei nur am Stiel an, nicht drücken. Gurken können im dunklen Keller lange gelagert werden, wenn man sie zu zwei Dritteln mit dem Stielansatz nach unten in Wasser stellt. Eingelegte oder eingekochte Gurken bleiben knackig, wenn man sie vor dem Einlegen der Länge nach mit einer Stricknadel durchsticht. Ein frisch gepresster Gurkensaft, leicht angewärmt und mit etwas Honig gesüßt, hilft gut gegen Husten.

Jungpflanzen

Jungpflanzen brauchen auch bei kühlen Temperaturen Wasser und Nährstoffe. Verdünnte Kräuterjauche stärkt ihre Widerstandsfähigkeit.

Karotten

Aussaat und Pflege

Karottensamen keimen schneller, wenn man sie mit angefeuchtetem, fein gesiebtem Laubkompost vermengt, in einen Ton- oder Steinguttopf gibt, den Topf mit Moos abdeckt und draußen in eine geschützte Ecke stellt. Dabei die Erde immer wieder etwas wenden, nach vier Wochen keimen dann bereits die ersten Samen im Topf. Danach wird die Samenerde in das vorbereitete Beet gestreut. Spät gesäte Karotten bedeckt man im Herbst mit trockenem Laub oder Stroh und lüftet an frostfreien Tagen. Karotten wachsen nicht krumm, wenn man vor der Aussaat den Boden tiefgründig lockert.

Vorbeugung gegen Krankheiten

Karotten werden nicht auf ein frisch mit Mist gedüngtes Beet ausgesät, denn dies fördert die Ausbreitung der Möhrenfliege (s. S. 187). Zeigen Möhren zahlreiche Fraßgänge, so war dieser berüchtigte Schädling am Werk. Einem Befall der Bee-

te kann man vorbeugen, indem man gleichzeitig Zwiebeln mit anpflanzt. Gleichbleibende Bodenfeuchtigkeit verhindert das Aufplatzen der Karotte.

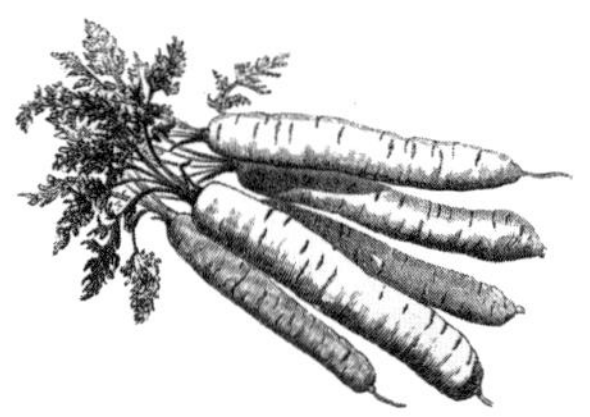

Lagerung

Vor dem Lagern lässt man Möhren einige Tage liegen. Sie lassen sich besser lagern, wenn man das Kraut nicht abschneidet, sondern lediglich mit der Hand abdreht. Zum Lagern schlägt man sie in Sand ein, wobei beigemischtes Steinmehl Lagerfäule verhindert.

Kartoffeln

Vermehrung

Frühkartoffeln kann man vortreiben, indem man sie dicht an Äpfel legt oder wenn man sie in einer Kiste mit trockenem Sand in die Sonne stellt. Vorgekeimte Kartoffeln bilden schon Wurzeln, wenn man sie eine Woche vor dem Pflanzen mit Wasser befeuchtet. Mit vier bis fünf Keimen liefern sie den besten Ertrag.

Pflanzkartoffeln lassen sich vermehren, indem man sie, sobald die ersten Triebe etwa 10 cm aus der Erde schauen, wieder ausgräbt und die Triebe ablöst und neu verpflanzt.

Pflege und Schutz vor Krankheiten

Kartoffelpflanzen gedeihen besser, wenn man sie regelmäßig hackt. Ein Anhäufeln verhindert das Vergrünen der Knollen. Kartoffeln werden kaum vom Kartoffelkäfer befallen, wenn man ihre Blätter mit Algenkalk oder Gesteinsmehl pudert.

Kartoffeln, die im nächsten Jahr als Pflanzkartoffeln verwendet werden sollen, kann man nach der Ernte einige Zeit in die Sonne legen. Sie werden dann grün, was wiederum vor Schädlingen schützt.

LAGERUNG

Schichten Sie Lagerkartoffeln nicht über 80 cm hoch auf. Kalk in ihrer Nähe verhindert Fäulnis. Kartoffeln sollte man nicht mit Äpfeln lagern, sie keimen sonst. Wenn Kartoffeln durch Lagerung schrumpelig geworden sind, legt man sie einen Tag in kaltes Wasser. Hierbei wird das verlorene Wasser wieder ersetzt, die Kartoffeln werden wieder glatt und lassen sich auch besser schälen.

Knoblauch

Knoblauch als Beeteinfassung schützt vor Krankheiten und Schädlingen. Er wird kräftiger im Geschmack, wenn man zwei bis drei Wochen vor der Ernte sein Laub zusammenknotet. Man erntet Knoblauch, sobald das Laub trocken geworden ist. Die Zwiebeln werden dann zu einem Zopf zusammengeflochten und an einem kühlen, luftigen Platz aufbewahrt. Knoblauchzehen in der Erde eines Blumentopfs schützen vor Bodenbakterien und -pilzen.

Knollen- und Wurzelgemüse

Knollen- und Wurzelgemüse erntet man nach Möglichkeit am Morgen, da sie dann am meisten Geschmack haben. Knollen lagert man am besten in ein mit dürren Kastanien- oder Nussbaumblättern gefülltes Kistchen ein.

Kohl

ANBAU

Wenn der Anbau von Kohl geplant ist, sollte im Herbst davor der Boden tiefgründig gelockert und gedüngt werden. Kohl darf man nicht zu dicht säen. Pflanzen sollte man vereinzeln, sobald sich das erste Blatt entwickelt hat, dabei braucht eine Pflanze etwa 50 cm x 50 cm Platz.

PFLEGE

Kohlpflanzen gedeihen besser, wenn man die untersten Blätter an den angewachsenen Jungpflanzen entfernt. Sie entwickeln schöne, feste Köpfe, wenn man regelmäßig im Beet hackt und für ausreichend Wasser sorgt. Kohl wächst besser mit einer Hecke aus Stangenbohnen als Begrenzung, die den Wind abhält.

VORBEUGUNG GEGEN SCHÄDLINGE

Kleine, millimeterstarke Verdickungen an den Wurzeln der Sämlinge deuten auf Schädlinge hin. Die Kohlfliege (s. S. 183) beispielsweise lässt sich austricksen, indem man um den Stängel des Kohls einen Schutzkragen aus Lehm legt. Und wer die Blätter regelmäßig nach gelben Eiern absucht, findet früh die Kohlweißlinge (s. S. 184 f.). Sellerie, neben Kohl gepflanzt, wehrt durch seinen intensiven Geruch Fraßschädlinge ab. Kohlstrünke gehören im Allgemeinen nicht auf den Komposthaufen, da sonst leicht Kohlhernie übertragen wird (s. S. 183). Bei Auftreten dieser Krankheit sollte dann einige Jahre auf den Anbau von Kohl und anderen Kreuzblütlern verzichtet werden.

LAGERUNG

Kohl wird zum Lagern kopfüber in feuchten Sand eingegraben. Er lässt sich auch in einer Grube draußen im Garten einschlagen. Die Grube dabei zusätzlich mit Laub oder Stroh abdecken. Kohljauche (3 kg Kohl auf 10 l Wasser) ist ein hervorragender Dünger für Tomaten und Kohl.

Kohlrabi

Der Kohlrabi lässt sich im Frühbeet vorziehen. Wer alle drei bis vier Wochen neu aussät, kann das ganze Jahr über ernten. Der Kohlrabi schießt, wenn die Jungpflanze Frost abbekommt. Man kann ihn zweimal ernten, wenn man die Knolle so abschneidet, dass der Strunk und einige Blätter stehen bleiben. Mit Kohlrabi lassen sich die Lücken im Beet füllen. Er darf aber nicht zu tief gepflanzt werden. Die jungen Blätter kann man als Suppengrün verwenden oder wie Spinat zubereiten.

Kopfsalat

Kopfsalat schießt seltener ins Kraut, wenn er an sonnigen Tagen über die Mittagszeit abgedeckt und beschattet wird, z. B. mit einem angefeuchteten unbedruckten Papier. Wenn man beim Ernten die unterste Blattrosette stehen lässt, sprießen neue Blätter aus dem Stumpf.

Kulturfolge

Unter Kulturfolge versteht man den Anbau mehrerer Pflanzen im Laufe eines Jahres auf demselben Beet. Beispielsweise gedeihen auf einem bestimmten Beet zuerst frühe Radieschen (Vorkultur), die längste Zeit stehen Tomaten auf dem Beet (Hauptkultur), zwischen den Tomatenpflanzen wächst Eissalat (Zwischenkultur), und wenn die Tomaten abgeräumt sind, folgt nochmals Spinat (Nachkultur).

Kürbisse

Kürbisse gedeihen am prachtvollsten am Rand des Komposthaufens. Wenn man ihre Ranken auf den Haufen leitet, beschatten sie ihn außerdem mit ihren großen Blättern und verhindern, dass er allzu schnell austrocknet. Bei längerem schlechten Wetter während der Blüte erleichtert man die Befruchtung, indem man mit einem Pinsel über die Staubgefäße männlicher Blüten streift und die Pollen auf die Narben weiblicher Blüten überträgt. Kürbisse muss man reichlich gießen und mehrmals düngen. Blüten und Früchte bekommen mehr Licht und Luft, wenn man die Blätter ausdünnt. Die Früchte faulen nicht, wenn man ein Brett unterlegt. Kürbisse werden besonders dick, wenn man ihre Ranken kürzt und lediglich zwei bis drei Früchte wachsen lässt. Sie platzen nicht auf, wenn man sie mit ihren eigenen Blättern oder mit Tüchern bedeckt. Kürbisse sind reif, wenn sie beim Beklopfen hohl klingen.

KÜRBISKERNE

Kürbiskerne sät man ab März etwa 2 cm tief in Töpfe, die man mit einer Glasscheibe abdeckt und warm stellt. Sie bleiben vier bis fünf Jahre keimfähig, wenn man sie kühl aufbewahrt.

Lauch

Lauch wird nicht von der Zwiebelfliege (s. S. 199) befallen, wenn man ihn in Mischkultur mit Karotten pflanzt. Porreepflanzen bilden im nächsten Frühjahr kleine Brutzwiebeln, die sogenannten Perlzwiebeln, wenn man sie den Winter über stehen lässt und die Blüten regelmäßig abschneidet. Er bekommt einen schönen weißen Schaft, wenn die Jungpflanze in 15 cm tiefe Furchen gesetzt und diese Furchen nach und nach zugefüllt und später angehäufelt werden.

Mais

Pro Saatmulde legt man vier bis fünf Maiskörner in einen
Kreis, später bleiben nur die drei kräftigsten Pflanzen stehen.
Mais steht besser, wenn er angehäufelt wird. Sobald die Körner reifen, muss die angehäufelte Erde entfernt werden. Zu-
ckermais gedeiht besser, wenn er nicht in einer Reihe steht,
sondern in Dreierreihen, wobei die Pflanzen in den Reihen
zueinander versetzt stehen. Mais eignet sich als Sicht- und
Windschutz, Ziermais hat außerdem hübsche bunte Kolben.

Mangold

Mangold kann man schon früher ernten, wenn man die Pflanzen anhäufelt und mit Laub bedeckt. Das Herz der Pflanze
sollte allerdings frei bleiben. Er bringt mehrfachen Ertrag,
wenn man bei der Ernte jeweils nur ein Drittel der Blätter
abschneidet. Nur die äußeren Blätter und Stiele ernten, da die
Pflanze von innen heraus wächst. Mangold passt als dekorative Pflanze auch in den Ziergarten.

Meerrettich

Meerrettich bildet lange Hauptwurzeln, wenn man ihn während des Sommers einige Male freilegt und die Seitenwur-
zeln entfernt. Danach leicht anhäufeln. Er wird ausschließlich durch Wurzelstücke, die sogenannten Fechser, vermehrt,
die man selbst schneiden kann. Dabei kennzeichnen Sie das
obere und untere Ende (oben gerader Schnitt, unten schrä-

ger Schnitt), reiben mit einem rauen Tuch die Seitenknospen ab und schlagen sie über den Winter in Sand ein. Im März und April legt man die Fechser mit dem Kopfende nach oben schräg in die Erde. Meerrettich lässt sich ohne Tränen reiben, wenn man ihn vorher einfriert. Geriebener Meerrettich wird nicht dunkel, wenn man ihn mit etwas Zitronensaft beträufelt.

Mischkultur

Bei einer Mischkultur pflanzt man zwei oder mehr Arten zur gleichen Zeit auf ein Beet, wodurch der Platz besser ausgenutzt wird. Mischkulturen sind im Allgemeinen weniger anfällig für Schädlinge und Krankheiten. Im günstigen Fall fördern sich die Pflanzen gegenseitig. Gute Nachbarn sind beispielsweise: Kohl als Starkzehrer neben der genügsamen Erbse. Tief wurzelnde Tomaten oder Möhren neben Salat oder Lauch mit ihren flachen Wurzeln. Tomaten vertreiben mit ihrem strengen Geruch zahlreiche Schädlinge, ebenso stark duftende Kräuter, die außerdem noch bestimmte Gemüsearten schmackhafter werden lassen, z. B. Bohnenkraut neben Bohnen oder Dill neben Gurken. Salbei und Thymian als Beetumrandung versperren Schnecken den Weg. Kerbel zwischen Salat vertreibt Ameisen und Blattläuse. Kartoffeln gedeihen besser mit Kümmel. Zwiebel und Möhren vertreiben sich gegenseitig die schädlichen Fliegen und wachsen noch besser in der Nähe von Majoran. Borretsch fördert das Wachstum von Tomaten, Roter Bete, Sellerie, Kohl und Gurken. Studentenblume und Ringelblume vertreiben Schädlinge, Kapuzinerkresse hingegen lockt Blatt- und Blutläuse an und damit vom Gemüse weg. Schwierige Partner sind Gurken und Erbsen, da sie sich mit ihren Ranken an den anderen Pflanzen festhaken.

Mittelzehrer

Mittelzehrer brauchen weniger Nährstoffe als Starkzehrer und kommen im Jahr nach ihnen auf das Beet (s. Fruchtfolge,

S. 97). Hierzu gehören u. a. Aubergine, Chicorée, Chinakohl, Endivie, Fenchel, Knoblauch, Kohlrabi, Liebstöckel, Mangold, Möhre, Petersilie, Porree, Puffbohne, Radicchio, Rettich, Rote Bete, Salate, Stangenbohne, Spinat, Zwiebel.

Radieschen

Radieschen keimen sehr rasch und brauchen wenig Platz. Sie eignen sich hervorragend als Vor- und Nachkultur und passen zwischen zahlreiche andere Gemüsepflanzen. Sie wachsen dicker, wenn man jeweils zwei Samenkörner im Abstand von 5 cm leicht in die Erde drückt. Radieschen platzen seltener auf, wenn man sie regelmäßig gießt. Sie werden schärfer, wenn das Wasser knapp ist. Schwammig, fade und holzig werden Radieschen, wenn sie zu spät geerntet werden. Sie bleiben einige Tage lang frisch und knackig, wenn man sie mit den Blättern nach unten in ein Glas Wasser gibt, das man täglich erneuert.

Rettich

Rettiche werden besonders fest und scharf, wenn man sie in Sandboden sät. Setzen Sie zwei Rettichsamen in ein Pflanzloch, so wachsen sie langsamer und zögern die Ernte hinaus. Rettiche entwickeln sich zu dickeren Knollen ohne lange, dünne Schwänze, wenn der richtige Saatabstand eingehalten wird. Regelmäßiges und reichliches Gießen verhindert ein Bitterwerden. Von der Rettichfliege werden Rettichpflanzen nicht befallen, wenn man sie nicht auf frisch mit Mist gedüngte Beete sät. Winterrettich sollte man vor dem ersten Frost aus der Erde ziehen, da die Knollen leicht faulen. Zum Lagern schneidet man die Blätter am Ansatz ab und schlägt ihn in Sand ein.

Rosenkohl

Rosenkohl sollte früh ausgesät werden, weil die Pflanze sich nur langsam entwickelt. Er schmeckt besser, wenn er einige Male „gefroren" hat.

Rote Bete

Rote Bete „bluten" nicht, wenn man das Kraut nicht abschneidet, sondern einfach mit der Hand abdreht. Sie halten sich nur, wenn sie vor den ersten Frösten eingelagert werden. Auch die Aussaat muss vor Spätfrost geschützt werden. Rote Bete vertragen sich im Beet mit Pflücksalat, Bohnen, Zwiebeln und Kohlrabi, aber nicht mit Porree und Spinat.

Salat

Salat kann man den ganzen Sommer über ernten, wenn man ihn in Abständen von vier Wochen aussät. Weil Salat sehr schnell wächst, lässt er sich gut als Zwischenkultur zwischen andere Gemüsearten setzen. Er wächst besser mit Dill als Nachbar. Wenn der Salat schießt, braucht er mehr Wasser und Nährstoffe oder der Tag ist zu lang. Im letzten Fall deckt man morgens die Beete mit Strohmatten oder Pappe ab, sodass der Tag künstlich auf acht Stunden verkürzt wird. Beim Pflücksalat werden einzelne Blätter gepflückt; beim Schnittsalat wird der ganze Kopf abgeschnitten. Rotblättrige Salatsorten können bis in den Oktober geerntet werden.

Schnittsellerie

Selleriesamen werden nur fein mit Erde abgedeckt. Die Pflanze braucht Feuchtigkeit, daher sollte man sie regelmäßig hacken oder mulchen. Sellerie verträgt sich gut mit Bohnen, Kamille, Kohl, Lauch, Spinat und Tomaten.

Schossen

Beim Schossen bildet das Gemüse vorzeitig Blüten, die allerdings nicht gern gesehen sind, oder es schießt ungewollt ins Kraut. Zum Schossen kommt es je nach Gemüseart ab einer bestimmten Tageslänge, bei hohen Sommertemperaturen oder lang anhaltender Trockenheit.

Schwachzehrer

Schwachzehrer brauchen nur wenige Nährstoffe und kommen im dritten Jahr auf das Beet (s. Fruchtfolge, S. 97). Hierzu gehören u. a. Buschbohne, Erbse, Feldsalat, Portulak, Radieschen, Speiserübe und viele Kräuter.

Schwarzwurzeln

Schwarzwurzeln werden länger, wenn man sie schon im Herbst aussät. Besonders lang wachsen sie, wenn man den Boden im Herbst doppelt so tief umgräbt. Die Wurzeln verzweigen sich nicht, wenn der Boden sehr tiefgründig vorbereitet ist und keine Steine enthält.

Schwarzwurzeln, die im ersten Jahr ihres Wachstums zu klein geblieben sind, kann man stehen lassen und im zweiten Jahr ernten. Man kann Schwarzwurzeln auch im Winter ernten, wenn man die Pflanzen mit einer dicken Schicht Stroh abdeckt. Hierbei brechen sie nicht ab, wenn man sie mit einer Grabegabel erntet. Man kann sie den Winter über lagern, wenn man sie im Keller in Sand einschlägt.

Am besten putzt man Schwarzwurzeln unter laufendem Wasser. Hierbei kleben die Hände nicht, wenn man sie vorher mit Öl eingerieben hat. Sie lassen sich besser abziehen, wenn man sie vor dem Putzen kurz mit kochendem Wasser abgeschreckt hat. Man kann sie auch mit der Schale in Salzwasser kochen und erst danach die Haut abpellen.

Sellerie

ANPFLANZUNG

Knollensellerie bildet schöne dicke Knollen, wenn er nicht zu tief gepflanzt wird. Man setzt die Jungpflanzen nur bis an den Wurzelhals in die Erde. Sie vertragen keinen Frost und sollten erst nach den Eisheiligen ausgepflanzt werden.

PFLEGE

Wenn Sellerie gedüngt wird, schießt er ins Kraut, daher sollten Sie das Beet schon im Herbst mit Kompost vorbereiten.
Er gedeiht besser, wenn man seine Blätter nicht abschneidet. Die häufig vertretene Ansicht, dass sich nach dem Abschneiden der Blätter die Knollen besser entwickeln, ist auf jeden Fall ein Irrtum. Im Gegenteil, wenn die Blätter nicht gerupft werden, wird der Boden besser beschattet und hält die Feuchtigkeit besser. Sellerie sollte regelmäßig gehackt und reichlich gegossen werden. Er verträgt sich gut mit Porree, Bohnen, Kohl, aber nicht mit Kartoffeln und Salat. Wenn Sellerie nicht gedeihen will, hilft ein gelegentliches Gießen mit Salzwasser (1 EL auf 10 l Wasser).

ERNTE UND LAGERUNG

Sellerie wird so spät wie möglich geerntet, aber vor den ersten starken Frösten. Die Knolle wird dabei mit der Grabegabel gelockert und dann herausgezogen, Wurzeln und Laub abschneiden.
Die Knolle des Selleries färbt sich nicht so schnell braun, wenn man die Schnittstelle mit Zitronensaft einreibt. In einer Kiste mit Sand bedeckt, lässt sich der Sellerie im Keller lagern.

Sortenwahl

Die Wahl der richtigen Sorten ist im Gemüseanbau ausschlaggebend für den Erfolg. So wäre es beispielsweise vollkommen falsch, ein und dieselbe Spinatsorte im Frühjahr,

Sommer und Herbst auszusäen. Dasselbe gilt natürlich für alle anderen Gemüsesorten. Die meist schnell wachsenden Frühjahrssorten sind im Allgemeinen auch für den Spät-, also den Herbstanbau geeignet. Sommersorten müssen hitzebeständig sein und dürfen nicht schnell in die Blüte und in den Samen gehen. Für den Anbau im Frühbeet oder Gewächshaus eignen sich am besten sogenannte Treibsorten.

Spargel

Spargel sollte niemals schutzlos der Witterung ausgesetzt werden. Er verträgt sich gut mit Kohlrabi und Spinat sowie Salat, Erbsen und Möhren. Als Dauerkultur bleibt er bis zu 15 Jahre auf dem Beet. Spargel hält sich einige Tage frisch, wenn man ihn in ein angefeuchtetes Tuch einwickelt und kühl lagert. Er bleibt weiß, wenn man ihn sofort nach dem Ausstechen in einen Eimer mit kaltem Wasser legt. Grünspargel ist anspruchsloser als Bleichspargel.

Spinat

Spinat wächst am besten, wenn er immer gleich an Ort und Stelle gesät wird. Wenn die Pflanzen zu dicht stehen, hilft nur Ausdünnen. Ein Verpflanzen gelingt nicht bei Spinat. Wenn er gelbe Blätter bekommt, hat er zu wenig Stickstoff. Wenn Spinat schießt, fehlen ihm Nährstoffe oder Wasser. Mit anderen Gänsefußgewächsen wie Rote Bete oder Mangold verträgt er sich nicht.

Starkzehrer

Starkzehrer stellen höchste Ansprüche an Nährstoffe und kommen im ersten Jahr aufs Beet (s. Fruchtfolge, S.97). Hierzu zählen u. a. Artischocke, Gurke, Kartoffel, Kohl, Kürbis, Mais, Melone, Paprika, Sellerie, Spargel, Tomate und auch Zucchini.

Tomaten

AUSSAAT

Tomaten keimen besser, wenn die Saat in Knoblauchtee oder Baldrian gebadet wird. Baden tut auch (bei gekauften Tomatenpflanzen) den Wurzeln gut. Tomaten sollte man sorgfältig abhärten, bevor sie ins Freie kommen. Beim Einpflanzen verschafft man ihnen einen guten Start, wenn man ein bis zwei Handvoll klein gehackte Brennnessel- oder Beinwellblätter unter die Wurzeln legt.

Tomatenpflanzen wachsen besser, wenn man sie in gut verrotteten Tomatenkompost, vermischt mit Kompost, einpflanzt und sie mit einer Mulchdecke aus eigenen Abfällen, also aus Nebentrieben und Blättern, umgibt. Ein schrittweises Anhäufeln fördert die gesunde Entwicklung der Tomatenpflanzen.

PFLEGE

Die Pflanze mag die Sonne, die Tomate aber reift besser im Schatten der Blätter. Es hilft auch, leichte, helle Tücher über die Pflanzen auszubreiten. Sie kümmern, wenn sie in direkter Nachbarschaft von Kartoffeln, Erbsen oder Gurken stehen. Eine Mischkultur mit Salat, Knoblauch, Lauch, Sellerie oder Petersilie fördert ihr Wachstum, sie vertragen sich auch mit Spinat, Radieschen, Kohlrabi und vielen Kräutern. Tomatenpflanzen erfrieren nicht, wenn man sie rechtzeitig im Herbst mit sogenannten Reifehauben aus Folie abdeckt. Sie sind besonders durstig. Für die tägliche Bewässerung in Trockenzeiten eignen sich am besten Blumentöpfe, die man schon bei der Pflanzung neben den Jungpflanzen eingräbt und täglich mit Wasser füllt. Das Wasser versickert nur langsam und gelangt genau dorthin, wo es am dringendsten gebraucht wird, nämlich zu den Wurzeln. Die Pflanzen rollen ihr Laub ein, wenn das Gießwasser zu kalt ist. Bekommen Tomatenpflanzen zu viel Wasser nach längerer Trockenheit, platzen die Früchte auf. Sie platzen auch auf, wenn ihnen etwas fehlt oder die Tag-Nacht-Temperatur im Herbst zu sehr schwankt.

Vorbeugung gegen Krankheiten

Um das Auftreten von Pilzkrankheiten, z. B. der Blattfleckenkrankheit, zu verhindern, sollten die Pflanzen nie von oben gegossen werden, damit die Blätter nicht nass werden. Der Pilzbefall wird ebenfalls erschwert, wenn die unteren Blätter bis 20 cm über dem Boden entfernt werden. Außerdem beugen Knoblauchzehen, die um jede Pflanze gepflanzt werden, der Krautfäule und anderen Krankheiten vor. Tomatenpflanzen tragen mehr und dickere Früchte, wenn man die Seitentriebe ausbricht (ausgeizt). Sie werden seltener von Bakterien- oder Viruskrankheiten befallen, wenn man das Ausgeizen nur mit der Hand vornimmt. Durch das Abschneiden der Seitentriebe mit einem Messer oder einer Schere werden häufig Bakterien und Viren von einer Pflanze auf alle anderen übertragen. Im Boden sowie an Stützstäben aus Holz können Krankheitskeime überdauern, deshalb sollten Standort und Stützstäbe jedes Jahr gewechselt werden.

ERNTE

Tomaten können bis November geerntet werden. Dazu legt man die Pflanze auf ein Brett oder auf eine flache Kiste und setzt einen Frühbeetkasten obenauf; über Nacht mit Strohmatten abdecken.

Tomaten, die noch nicht voll ausgereift sind, schlägt man in trockenen Torfmull ein. Grüne Tomaten bewahrt man zusammen mit reifen Äpfeln auf, denn das dem Apfel entweichende Ethylengas beschleunigt die Reifung der Tomaten. Tomaten, die weich geworden sind, werden wieder fest, wenn man sie in kaltes Wasser legt. Spaliertomaten haben kleine, süße Früchte, große Fleischtomaten ergeben guten Salat, Buschtomaten wachsen strauchig ohne Stütze.

Wirsing

Wirsing kann man den Winter über auf einem Gartenbeet lagern. Dazu im Spätherbst die Köpfe ernten und in zwei Lagen auf dem Beet lagern. Mit Spargelkraut oder Stroh umgeben.

Zucchini

Zucchini gedeihen besonders gut, wenn man sie an den Rand des Komposthaufens pflanzt. Die Pflanzen brauchen viel Platz, denn sie wachsen dicht, buschig und sehr ausladend. Für eine reiche Ernte genügen schon wenige Pflanzen. Zucchini werden jung geerntet, dann sind sie noch zart, mild und schmecken nussig.

Zwiebeln

AUSSAAT

Zwiebeln bringen eine umso bessere Ernte, je kleiner die Steckzwiebeln sind. Steckzwiebeln, die im nächsten Jahr wieder gesetzt werden, sät man dicht, damit die Zwiebeln klein bleiben. Sie bilden schneller Wurzeln, wenn man sie einen Tag vor der Pflanzung in Wasser aufquellen lässt. Zwiebeln werden so gesetzt, dass das oberste Drittel aus dem Boden schaut.

PFLEGE

In kalten und nassen Jahren reifen Zwiebeln besser, wenn man sie zwei Wochen vor der vorgesehenen Ernte mit einer Grabegabel leicht anhebt, sodass ein Teil ihrer Wurzeln abreißt. Karotten als Nachbarpflanze vertreiben die Zwiebelfliege, und kreuz und quer über das Beet gespannte schwarze Fäden halten Vögel fern.

VORBEUGUNG GEGEN KRANKHEITEN

Zwiebeln werden seltener von der gefährlichen Pilzkrankheit Zwiebelbrand befallen, wenn man die Beete für die Zwiebelpflanzung jährlich wechselt. Dennoch befallene Zwiebeln sollten einschließlich ihres Laubs restlos vernichtet (am besten verbrannt) werden. Diese Krankheit erkennt man an dem Auftreten von blaugrünem, beuligem Laub.

ERNTE UND LAGERUNG

Man kann Zwiebeln schon im Frühjahr ernten, wenn man sie im Herbst aussät und den Winter über mit Tannenreisig schützt. Zur Lagerung bindet man Zwiebeln an den Blättern zu Zöpfen zusammen und hängt sie auf. Sie halten sich nur dann den ganzen Winter über, wenn sie auch zum richtigen Zeitpunkt geerntet werden. Ihre Reife erkennt man zum einen am Gelbwerden der Blätter und zum anderen daran, dass sich ihre Knollen fest anfühlen.

Kräuter-garten

Anis

Anis ist eine Zierde im Kräutergarten. Er keimt langsam, braucht viel Wärme und einen trockenen Herbst. Die reifen Fruchtdolden sollte man abschneiden und gebündelt zum Trocknen aufhängen.

Aussaat

Werden Kräuter in großen Mengen benötigt (Schnittlauch, Dill, Petersilie), zieht man sie aus Samen selbst. Bei vielen anderen Arten reicht es, wenn man nur eine Pflanze hat (Liebstöckel, Weinraute). Bei der Aussaat ist darauf zu achten, ob das Kraut ein Lichtkeimer ist (Majoran, Kamille), dann den Samen nur gut andrücken und nicht mit Erde bedecken. Dunkelkeimer hingegen werden etwa doppelt so hoch mit Erde bedeckt, wie der Samen dick ist.

Baldrian

Baldrian braucht Licht zum Keimen. Man pflanzt ihn im Frühjahr oder Herbst und kann ihn durch Teilung vermehren. Er gedeiht gut auf feuchtem Boden. Bei Trockenheit muss Baldrian gegossen und im Frühjahr mit Kompost versorgt werden. Die Wurzeln erntet man ab dem zweiten Jahr. Sie werden getrocknet und in Stücke geschnitten. Es empfiehlt sich, im Sommer davor die Blütenstände zu entfernen.

Bärlauch

Bärlauch gedeiht als Waldbewohner am besten im Schatten größerer Bäume. Bärlauchzwiebeln werden im Herbst gesteckt, Jungpflanzen setzt man im Februar bis März. Der Samen keimt erst nach Kälteeinwirkung, daher muss er im Herbst ausgesät und mit Erde abgedeckt werden. Bärlauchblätter behalten beim Einfrieren ihre Würze.

Basilikum

Basilikum sollte in Töpfen vorgezogen werden. Es kommt erst nach den Eisheiligen ins Beet. Dort braucht es einen warmen, geschützten Platz. Der sonnigste Platz ist gerade gut genug. Zum Trocknen schneidet man Basilikumzweige kurz vor der Blüte ab. Basilikum ist ein guter Nachbar für Gurken, Kohlrabi, Schwarzwurzeln, Tomaten und schützt vor Pilzkrankheiten.

Beifuß

Beifuß verträgt sich nicht mit anderen Pflanzen, deshalb sollte er alleine stehen. Er wird gerne mit Wermut verwechselt. Beifußblätter schmecken bitter, aus diesem Grund nimmt man die Rispen mit den noch geschlossenen Blütenknospen als Gewürz.

Beinwell

Beinwell wächst gut auf feuchtem, nährstoffreichem Boden. Das Heilkraut enthält giftige Inhaltsstoffe und sollte nur sparsam verwendet werden.

Bohnenkraut

Bohnenkraut gibt es als ein- und zweijährige Sorten, Letztere schmecken aromatischer. Wer im Winter frisches Bohnenkraut möchte, pflanzt im Herbst einige Pflanzen in den Topf. Getrocknete Bohnenkrautblätter sollte man immer mitkochen. Bohnenkraut vertreibt die Schwarze Bohnenblattlaus (s. S. 174) von den Bohnenpflanzen und verträgt sich gut mit Zwiebeln. Es passt mit seiner späten Blüte und dem Duft auch gut in den Ziergarten.

Borretsch

Borretsch verbessert Geschmack und Farbe von Spinat oder Mangold. Er verträgt sich gut mit Gurken, Kohl, Roter Bete, Zucchini, Sellerie und Tomaten und fördert das Wachstum der Erdbeeren. Weil Borretsch selbst aussamt, kann er im Garten überhandnehmen; dann sollte man verhindern, dass er blüht. Seine blauen Blüten eignen sich allerdings zur Verwendung in der Küche: Sie sind essbar und mit ihnen kann man Speisen schön garnieren. Borretsch unter Obstbäumen lockt Bienen zur Bestäubung der Bäume an.

Brennnesseln

VORKOMMEN

Das Auftreten von Brennnesseln deutet auf humus- und stickstoffreiche Böden hin. Hier ist also keine zusätzliche Düngung mit stickstoffhaltigem organischen Material notwendig. Sie sind als Unkraut besonders hartnäckig. Wer die Brennnessel ausrotten will, muss ihre Wurzelstöcke radikal ausgraben. Man sollte auch dafür sorgen, dass sie sich nicht überall ausbreiten. Dies geschieht am einfachsten dadurch, dass man sie nicht zur Blüte kommen lässt (vorher abschneiden) und den erwünschten Standort im Boden mit Brettern oder Blechteilen abgrenzt.

ZUBEREITUNG/VERWENDUNG

Brennnesseln sind aber auch würzige Küchenzutaten. Probieren Sie einmal leckeren Brennnesselspinat oder eine Brennnesselsuppe, und Sie werden Brennnesseln kaum noch als Unkraut betrachten, sondern als eine Bereicherung Ihres Speiseplans. Wenn Sie diese kurz mit heißem Wasser übergießen, brennen sie nicht mehr. Sie sind auch ein gutes Grünfutter für Hauskaninchen und Meerschweinchen. Brennnesseln als Gemüse oder für die Zubereitung von Brennnesseljauche pflückt und schneidet man, indem man die Pflanzen möglichst tief unten mit Gummi- oder Handwerkerhandschuhen anfasst, denn an den Stielen und an den Blattunterseiten brennen sie. Eine Mulchschicht aus unzerkleinerten Brennnesselstängeln mit intakten Brennhaaren hält Schnecken fern.

Brunnenkresse

Der Name sagt es schon, die Brunnenkresse gedeiht am Brunnen, d. h. sie braucht einen immer feuchten Boden. Brunnenkresseblätter lassen sich nicht trocknen, aber man kann sie einfrieren.

Dill

Dill lässt sich gut im Beet nach einem starkzehrenden Gemüse anpflanzen. Er fördert die Keimung und das Wachstum von Gurken, Möhren, Zwiebeln und Salat. Die Samen sind reif, sobald die Körner braun werden. Man erntet sie, indem man die Dolden abschneidet, in ein dünnes Tuch bindet und kopfüber aufhängt. Die Samenkörner fallen dann in das Tuch.

Duftwasser

Ein Duftwasser aus eigenen Kräutern ist schnell hergestellt: Man nimmt 100 g getrocknete oder 300 g frische Kräuter und gießt sie mit 1 l kochendem Wasser auf. Abkühlen lassen, dem warmen Aufguss 2 EL Alkohol zugeben und weiter abkühlen lassen. Danach die Kräuter abseihen.

Eberraute

Eberraute passt aufgrund ihres erfrischenden, zitronenartigen Geruchs in Riechsträuße und Potpourris. Die Staude übersteht den Winter besser, wenn man sie mit Tannenreisig schützt. Sie eignet sich auch als Heckenpflanze. Eberraute verträgt sich kaum mit anderen Kräutern und verändert deren Geschmack. Die Triebspitzen werden ab Frühsommer geerntet. Zum Trocknen nimmt man später ganze Triebe, die man in Büscheln kopfüber aufhängt.

Eibisch

Eibisch (Hibiskus) passt mit seinen großen Blüten in den Zier- und Kräutergarten. Man vermehrt ihn durch Teilung. Eibischwurzeln werden im Herbst ausgegraben, gesäubert und getrocknet. Aus Blüten und Blättern bereitet man Tee.

Einjährige Kräuter

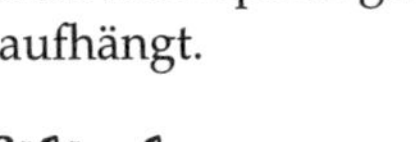

Einjährige Kräuter gedeihen besser, wenn man sie jedes Jahr an einen neuen Platz pflanzt. Die sich in der Erde zersetzenden Wurzeln wirken nämlich hemmend auf das Wachstum derselben Pflanzenart. Wenn möglich, sollte man sie gleich an Ort und Stelle aussäen. In Töpfen gepflanzt kann man sie als Jungpflanzen in die Lücken zwischen ausdauernde Kräuter setzen.

Engelwurz

Engelwurz braucht zum Keimen einen Kältereiz, daher erst im Herbst aussäen. Wenn man die Wurzel ernten möchte, schneidet man im ersten Jahr die Blütentriebe ab; eine Ernte ist aber erst im zweiten Jahr möglich. Engelwurz-Wurzeln werden im Herbst ausgegraben und getrocknet. Der Pflanzensaft kann bei empfindlichen Menschen eine Lichtallergie auslösen.

Estragon

Echter Deutscher Estragon ist nicht als Samen erhältlich. Im Handel gibt es nur Russischen Estragonsamen, der wesentlich weniger Aroma hat. Wer Deutschen Estragon vermehren will, muss den Stock teilen. Dieser ist empfindlicher gegen Frost als der Russische und muss abgedeckt werden.

Hirtentäschel

Hirtentäschel zeigt durch sein Vorkommen stick- und nährstoffreiche Böden an. Es wirkt blutstillend und soll den Blut-
druck regulieren.

Johanniskraut

Johanniskrautsamen braucht Licht zum Keimen. Jungpflanzen setzt man im April, später vermehrt man die Pflanze
durch Teilung oder mithilfe von Stecklingen. Johanniskraut
wächst gut auf kalkhaltigen Böden. Bei längerer Trockenheit
muss es gegossen werden. Zur Ernte schneidet man die Blütenstängel ab und lässt sie trocknen. Johanniskraut kann bei
empfindlichen Menschen Allergien auslösen.

Kamille

Kamillesamen dürfen als Lichtkeimer nicht mit Erde bedeckt
werden. Gesät wird von März bis Mai und auch im Herbst.
Kamille gedeiht auf mageren und kalkhaltigen Böden; sie
mag keine nährstoffreichen Gemüsebeete. Kamilleblüten
sind reif, wenn sich die Hälfte der Röhrenblüten geöffnet
hat. Blütenköpfe mit kurzem Stiel abschneiden und an einem
schattigen, luftigen Ort trocknen lassen.

Kapuzinerkresse

Auf der Baumscheibe von Obstbäumen angepflanzt, lockt
Kapuzinerkresse Blattläuse an und damit vom Obst weg. Sie

ist ein guter Nachbar für Radieschen, Rettich und Tomaten und auch für den Ziergarten geeignet.

Katzenminze

Katzenminze blüht bis in den Herbst hinein, wenn man sie im Sommer zurückschneidet.

Kerbel

Kerbel kann man den ganzen Sommer ernten, wenn man ihn alle fünf bis sechs Wochen neu aussät. Er vertreibt Ameisen, Blattläuse und Schnecken von Salat, Spinat und Radieschen. Die Blätter verlieren nach dem Ernten rasch ihr Aroma, man kann sie aber gut einfrieren.

Knoblauch

Knoblauchzehen werden im Frühjahr oder Herbst gelegt und mit etwa 2 cm Erde bedeckt. Der Boden darf nicht frisch gedüngt sein. Knoblauch schützt Erdbeeren vor Grauschimmel und verträgt sich gut mit Gurken, Tomaten, Möhren. Die Knoblauchzwiebeln sind reif, wenn sich die Blätter gelbbraun verfärben und umknicken. Knoblauch lässt sich gut lagern, wenn man die Zwiebeln zu einem Zopf zusammenflicht und sie an einem kühlen, luftigen, dunklen Platz aufhängt.

Knoblauchsrauke

Knoblauchsrauke ersetzt in der Küche den Knoblauch, riecht aber nicht so intensiv.

Knöterich

Möchte man möglichst schnell eine Pergola, eine Hauswand oder ein Rankgerüst beranken, so wählt man am besten den Knöterich, der bis zu 15 m hoch und bis zu 8 m breit wächst. Der Knöterich ist eine sehr anspruchslose Pflanze, die so gut wie an allen Standorten gedeiht. Er sollte jedes Jahr (im Frühjahr) zurückgeschnitten werden. Das fördert einen reicheren Blütenansatz und man verhindert ein Kahlwerden der unteren Teile der Pflanze.

Koriander

Koriander braucht einen leichten, kalkhaltigen Boden. Er verträgt sich gut mit Kartoffeln, Kohl und Roter Bete. Korianderblätter werden vor der Blüte geerntet. Die Samen erntet man, bevor sie voll ausgereift sind. Dabei schneidet man frühmorgens die Dolde ab und lässt die Körner trocknen. Hierfür die Dolde in eine leere Vase stellen oder über Papier trocknen. Die Samen fallen dann von alleine heraus. Beim Trocknen verliert sich der unangenehme, an Wanzen erinnernde Geruch, und das würzige Aroma kommt heraus.

Kräuterbeet

Kräuter lassen sich einfacher ernten, wenn Sie die Pflanzen im Kräuterbeet nach ihren Wuchshöhen gruppieren. Zur kleinsten Gruppe (bis zu 20 cm) gehören Petersilie, Thymian, Gartenkresse, Schnittlauch und Waldmeister. Mittelhoch (30–60 cm) werden Minze, Melisse, Lavendel, Borretsch, Bohnenkraut, Kerbel, Majoran, Basilikum, Oregano und Pimpinelle. Zur größten Gruppe (bis zu 80 cm) zählen Salbei, Beifuß, Estragon, Rosmarin, Pfefferminze, Fenchel und Dill. Liebstöckel, die größte Gewürzpflanze, wird bis zu 2,50 m hoch. Kräuter gedeihen meist besser auf durchlässigen und warmen Böden und wollen so viel Sonne und Wärme wie möglich. Ist Lehmboden vorherrschend, so sollte man ihn mit Sand, Kompost und geringen Mengen Kies verbessern.

Kräuter düngen

Kräuter werden würziger, wenn man sie möglichst nicht oder nur sehr sparsam düngt. Insbesondere bei stark stickstoffhaltigen Düngern (z. B. Stallmist) schießen sie ins Kraut.

Kräuter ernten

Blätter und Triebspitzen kann man meist den Sommer über frisch und nach Bedarf ernten. Die Blätter erhalten ihr Aroma, wenn sie nur kurz unter fließendem lauwarmen Wasser gewaschen und sofort verwendet werden. Viele Blätter kann man eingefrieren. Teekräuter erntet man am späten Vormittag bei trockenem Wetter. Eine Woche vor Vollmond sollen sie ihren höchsten Gehalt an Inhaltsstoffen haben. Kräuter, die getrocknet werden sollen, erntet man am besten kurz vor der Blütezeit. Dabei schneidet man die Blüten kurz nach dem Öffnen ab. Samen sind reif, wenn sie braun werden und sich leicht abstreifen lassen. Wurzeln gräbt man meist im Spätherbst aus. Die Kräuter dürfen im Erntekorb nur locker aufgeschichtet und nicht gedrückt werden. Den Korb nicht in die Sonne stellen.

Kräutersalz

Für Kräutersalz zerstößt man die getrockneten Kräuter im Mörser und vermischt sie mit (Meer-)Salz. Das Aroma bleibt lange erhalten, wenn man 850 g Kräuter mit 150 g Salz mischt. Das Kräutersalz wird in Glas- oder Steingutgefäße gefüllt, festgedrückt und luftdicht verschlossen.

Kräuterspirale

Wer wenig Platz im Garten hat, kann sich eine Kräuterspirale bauen. Den Untergrund bildet eine dicke Schicht Kies, darüber setzt man aus Natursteinen eine Spirale, die zur Mitte hin nach oben ansteigt. Den Raum innerhalb der Mauer füllt man mit Erde, und zwar von unten beginnend mit nährstoffreicher, lehmiger Gartenerde, die nach oben hin sandiger und

trockener wird. So kann man den unterschiedlichen Ansprü-
chen der Kräuter gerecht werden. Von unten nach oben werden angepflanzt: Minze, Melisse, Schnittlauch, Kerbel, Petersilie, Basilikum, Liebstöckel, Fenchel, Ysop, Bohnenkraut, Dill,
Estragon, Lavendel, Oregano, Rosmarin, Thymian, Salbei.

Kräutertee

Für Tee wird das getrocknete Kraut klein geschnitten. Je nach
Art geben Sie 1–4 TL Kraut in die Tasse, übergießen es mit
kochendem Wasser, lassen den Tee zehn Minuten ziehen und
seihen ihn ab; dabei gelegentlich umrühren.

Kräuter trocknen

Zum Trocknen eignen sich u.a. folgende Gewürzkräuter:
Liebstöckel, Pfefferminze, Salbei, Lavendel, Dost, Bohnenkraut, Thymian und Beifuß. Kräuter trocknet man am einfachsten, indem man sie zu Bündeln zusammenbindet und
an einem schattigen, warmen und luftigen Ort mit dem Kopf
nach unten aufhängt. Sie trocknen außerdem gut auf flachen
Unterlagen. Man kann sich z.B. einen Holzrahmen anferti-
gen oder einen alten Bilderrahmen nehmen und diesen mit
einem Stoffnetz bespannen. Eine gleichmäßige Trocknung
erreicht man bei diesem Verfahren allerdings nur, wenn man
die Kräuter häufiger wendet. Vielen Kräutern reicht sogar
einfaches Küchenkrepppapier. Getrocknete Kräuter bewah-
ren ihr intensives Aroma am besten in luftdicht verschlosse-
nen, dunklen Glasbehältern. Keine Blechbüchsen verwenden.
Schleimhaltige Kräuter wie Malve, Königskerze, Eibisch,
Queckenwurzel trocknen besser im Trockengerät bei 40 °C.

Kresse

Kresse lässt sich im Haus ganz einfach auf angefeuchteter
Watte oder Papiertaschentüchern ziehen. Wenn Sie sie alle
paar Wochen neu aussäen, können Sie ständig frische Kresse

ernten. Kresse schneidet man mit der Schere ab, wenn das Kraut etwa 5 cm hoch ist.

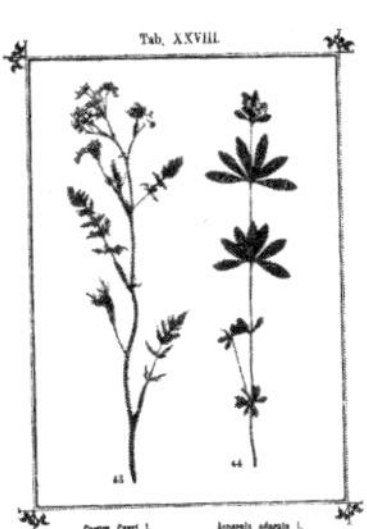

Kümmel

Kümmel gedeiht gut auf kalk- und humusreichem Boden. Kümmel und Fenchel dürfen nicht benachbart stehen, sie vertragen sich nicht. Kümmel fördert das Wachstum von Kartoffeln und Gurken. Junge Kümmelblätter kann man zum Verfeinern von Salaten und Suppen nehmen. Kümmelblüten und -samen bilden sich erst im zweiten Jahr. Kümmelsamen fallen bei der Ernte nicht heraus, wenn man die Kümmeldolden vor der Reife abschneidet, sobald sie anfangen, sich zu verfärben. Nach dem Nachreifen und Trocknen klopft man die Samen einfach heraus.

Lavendel

Lavendel wächst schön buschig, wenn man ihn im Winter zurückschneidet. Er gedeiht gut auf durchlässigem Boden. In rauen Lagen hilft ihm ein Winterschutz. Lavendel wirkt im Staudenbeet gegen Blattläuse. Die Blütentriebe werden geerntet, sobald sich die Blüten öffnen. Lavendel und Thymian gelten als klassische Pflanzenkombination.

Lichtkeimer

Majoran, Thymian, Bohnenkraut, Dost, Estragon, Basilikum, Liebstöckel und Zitronenmelisse sind sogenannte Lichtkeimer. Ihre Samen gehen nicht auf, wenn sie mit einer Schicht Erde abgedeckt sind. Möchte man sie trotzdem abdecken, so eignet sich dafür ein gut feucht gehaltenes Zeitungsblatt, das allerdings sofort nach dem Aufkeimen entfernt werden muss.

Liebstöckel

Liebstöckel braucht Licht zum Keimen. Er nimmt ausgewachsen eine beachtliche Größe ein und braucht zu anderen Pflanzen mehr als 1 m Abstand! Allerdings verträgt er zu jeder Zeit einen Rückschnitt. Liebstöckel und Wermut sollten im Kräuterbeet nicht nebeneinanderstehen. Sie „vertragen" sich nicht! Liebstöckel hemmt auch das Wachstum anderer Nachbarn und breitet sich gerne aus. Die Blätter werden im Sommer frisch geerntet und ein Teil als Wintervorrat getrocknet. Allerdings verlieren die Blätter beim Trocknen an Aroma; es bleibt beim Einfrieren besser erhalten. Die Wurzel wird im Herbst ausgegraben, gesäubert, geflochten und getrocknet. Die hohen Stängel kann man als Strohhalm nutzen. Wenn man mit ihnen warme Milch trinkt, wird sie mit ätherischen Ölen angereichert. Liebstöckel kann bei empfindlichen Personen eine Lichtallergie auslösen.

Löffelkraut

Löffelkraut braucht einen feuchten Boden, dieser muss auch regelmäßig gehackt werden. Es kann auch im Winter unter Schnee geerntet werden.

Lorbeer

Lorbeer braucht viel Wärme und sollte im Kübel gezogen werden.

Löwenzahn

Löwenzahn ergibt einen zarten, schmackhaften Salat, wenn man ihn bleicht. Stülpen Sie dazu einen Blumentopf über die ersten Triebe. Grüner Löwenzahn schmeckt etwas bitterer.

Majoran

Majoransamen wird als Lichtkeimer nicht mit Erde bedeckt. Er gedeiht besser, wenn zwei bis drei Jungpflanzen zusammenstehen. Majoran wird geerntet, sobald die ersten Blüten aufblühen. Hierfür schneidet man die Zweige etwa 5 cm über dem Boden ab und hängt sie zu kleinen Bündeln verschnürt zum Trocknen auf.

Melisse

Melisse neigt zum Wuchern und sät sich selbst aus. Sie verträgt leichten Schatten und eine humose, durchlässige Erde. Melisseblätter werden getrocknet oder eingefroren.

Mohn

Mohn wird ab März an Ort und Stelle ausgesät; er verträgt keine Umpflanzung. Im Ziergarten bietet er einen schönen Blickfang. Er wird gerne zu Lilien gesetzt.

Oregano

Oregano, auch Dost genannt, braucht Licht zum Keimen. Bei längerer Trockenheit freut er sich über Wasser. Die Blätter schmecken frisch und getrocknet; das Einfrieren verträgt er nicht gut.

Petersilie

Petersilienkraut gedeiht an einem leicht schattigen Platz in nährstoffreicher, gleichmäßig feuchter Erde und sollte regelmäßig gehackt werden. Wenn man die Herzblätter stehen lässt, wächst die Petersilie auch nach der Ernte weiter. Petersilie begünstigt als Nachbar den Wuchs von Tomaten, verträgt sich mit Kartoffeln, Kohl, Radieschen, Rettich und Zucchini, aber nicht mit Salat. Sie sollte nicht zweimal am gleichen Standort gepflanzt werden. Das Kraut ist empfindlich gegen Pilzkrankheiten und Wurzelschäden; das umgeht man bei der Anzucht im Blumentopf.

Ringelblume

Die Ringelblume ist eine dekorative Heilpflanze, die Blüten sind essbar.

Rosmarin

Rosmarin pflanzt man am besten im Kübel. Das Kraut ist empfindlich gegen Frost und tut sich in nassen Wintern schwer. Besser ist es, ihn bei 2–8 °C hell zu überwintern und erst nach den Eisheiligen in den Garten oder auf den Balkon zu stellen. Für den Garten gibt es auch robuste Sorten. Die Samen brauchen 30 Tage, bis sie aufgehen. Rosmarinblätter werden besser frisch verwendet. Beim Trocknen verliert sich viel vom Aroma. Rosmarin passt zu Salbei. An einem geeigneten Platz kann die Pflanze einige Jahrzehnte alt werden.

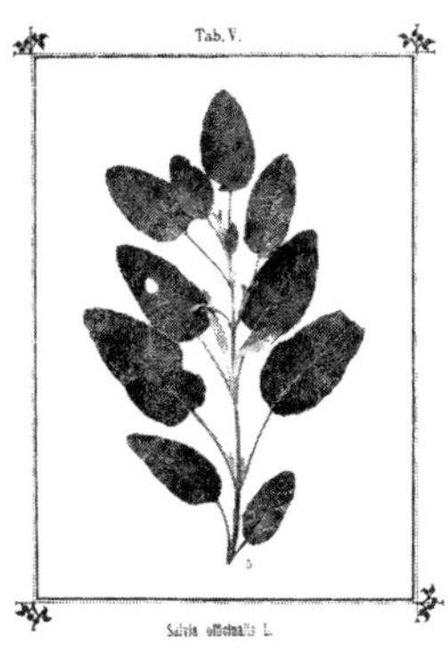

Salbei

Salbei eignet sich gut als Randbepflanzung eines Gemüsebeets, da sein Duft Raupen, Läuse und Schnecken vertreibt. Die Staude lässt sich beliebig zurückschneiden. In kälteren Regionen dankt er für eine Winterabdeckung mit Nadelholzreisig. Eine Ernte ist bis Dezember möglich, bei Topfkultur das ganze Jahr hindurch. Zum Trocknen erntet man Salbeiblätter kurz vor der Blüte. Mit den violetten Blüten kann man Speisen dekorieren.

Schafgarbe

Schafgarbe vermehrt sich durch Teilung. Man erntet das Kraut zur Zeit der Blüte und trocknet es. Auf der Schafgarbe überwintern gerne Marienkäfer, die eifrig Blattläuse vertilgen. Deshalb passt Schafgarbe ausgezeichnet zu Rosen.

Schnittlauch

Schnittlauch gedeiht besonders gut, wenn er mit Kaffeesatz gedüngt wird. Er dankt es auch, wenn er im April und nach der ersten Ernte mit Sauerkrautbrühe begossen wird. Schnittlauch verträgt Halbschatten und bevorzugt kalkhaltigen Boden. Er sollte alle zwei bis drei Jahre geteilt werden. Das Entfernen der Blüten fördert die Blattbildung. Der Lauch treibt von alleine wieder aus, wenn man nur zwei Drittel des Krauts erntet. Zum Austreiben bringt man ihn auch, wenn man ihn im November mit Wurzelballen ausgräbt und ihn bis zum ersten Frost liegen lässt. Danach gibt man ihn einen Tag lang in warmes Wasser, kürzt die Wurzel und topft ihn ein. An einem hellen Standort treibt die Pflanze bei Zimmertemperatur wieder aus.

Senf

Für Senfkörner schneidet man die Schoten ab, wenn sie sich gelb färben, und hängt sie zum Trocknen auf. Später die Samen herausnehmen und weiter trocknen lassen. Senfpflanzen eignen sich auch zur Gründüngung, dann im Herbst auf dem Beet aussäen.

Standort

Die meisten Kräuter vertragen keine Staunässe und sind aber ansonsten recht anspruchslos. Ihr bestes Aroma entfalten sie fast immer in voller Sonne. Einige wenige Kräuter stammen aus den Wäldern und brauchen einen schattigen, leicht feuchten Standort, etwa Waldmeister. Auch Pfefferminze und Liebstöckel ziehen einen humosen Boden vor. Wer seinen Kräutergarten in der Nähe der Küche anbringt, muss nicht so weit laufen. Viele Kräuter vertreiben mit ihrem Duft Schädlinge oder begünstigen das Wachstum anderer Nutz- und Zierpflanzen. Es empfiehlt sich oftmals eine Mischkultur, allerdings sind Unverträglichkeiten mit anderen Kräutern ebenfalls zu beachten.

Thymian

Blätter und Triebe des Thymians kann man fortlaufend ernten. Zum Trocknen nimmt man die Triebenden, wenn sie gerade mit dem Blühen anfangen. Getrockneter Thymian würzt erheblich stärker als frischer. Im Winter ist Thymian für eine Reisigabdeckung dankbar, es gibt aber auch gut frostharte Sorten. Er eignet sich als Beeteinfassung. Thymian wehrt Blattläuse und Kohlweißlinge ab und bildet eine wirkungsvolle Barriere für Schnecken. Er lässt sich beliebig zurückschneiden. Thymian verbreitet einen intensiven Duft. Er bildet mit Lavendel eine klassische Kombination, allerdings bleibt er niedrig und bildet Matten, Lavendel strebt in die Höhe.

Wacholder

Nur der Gemeine Wacholder und hier auch nur die weiblichen Pflanzen liefern gute Beeren; andere Arten sind oft ungenießbar oder gar giftig. Wacholder darf nicht in der Nähe eines Birnbaumes gepflanzt werden, da er ein Zwischenwirt für Pilzerkrankungen ist.

Waldmeister

Waldmeister ist eine Waldpflanze und wächst im Garten, wenn man ihn unter Sträuchern anpflanzt. Er kann bei Genuss Kopfschmerzen verursachen; Schwangere sollten Waldmeister ganz meiden.

Weinraute

Hunde und Katzen halten sich von Weinraute fern. Im Beet sollte Weinraute nicht mit anderen Kräutern zusammenstehen, denn sie verändert deren Geschmack, wahrscheinlich auch den Geschmack von Gemüse. Weinraute galt früher als Gegenmittel gegen Gifte aller Art. In mittelalterlichen Klostergärten standen Weinraute und Salbei nahe beieinander: Die Raute wehrt Unheil ab, Salbei bringt Heil.

Wermut

Wermut verträgt sich kaum mit anderen Pflanzen. Eine Ausnahme bildet die Johannisbeere, die er vor Säulenrost schützt. Eine Jauche aus Wermut hilft gegen Blattläuse und andere Pflanzenschädlinge. Die jungen Triebe können fortlaufend geerntet werden.

Ysop

Ysop braucht Licht zum Keimen. Seine Vermehrung ist durch Teilung oder Stecklinge möglich. Blätter und Triebspitzen können fortlaufend geerntet werden. Im Herbst sollte man ihn kräftig zurückschneiden und im Winter mit Reisig abdecken.

Zitronenmelisse

Zitronenmelisse braucht Licht zum Keimen. In kalten Wintern sollte sie mit Reisig abgedeckt werden. Frische Blätter und Triebspitzen erntet man nach Bedarf. Zum Trocknen schneidet man die Triebe kurz vor der Blüte ab und hängt sie in Bündeln auf.

Ziergarten

Agaven

Agaven haben gefährlich spitze Dornen am Ende ihrer Blätter. Um Verletzungen – gerade bei Kindern – vorzubeugen, kann man auf die Dornen einfach Korken aufstecken oder die Dornenspitzen auch abschneiden. Dies schadet der Pflanze nicht.

Akeleien

Akeleien vermehrt man durch Aussaat. Gute Samen erhält man in Gartenfachgeschäften.
Die Pflanzen vertragen keine kalkhaltigen Böden, sie gedeihen am besten in frischem Boden unter Gehölzen.

Alpenveilchen

Alpenveilchen vertragen keine Sonnenbestrahlung. Sie gedeihen am besten an einem hellen, kühlen Standort, an dem sie regelmäßig gegossen werden müssen. Sogenannte Pflanzkörbchen schützen ihre Knollen vor Wühlmäusen. Bei der Gartenarbeit im Frühjahr werden sie nicht beschädigt, wenn man ihren Standort kennzeichnet. Die häufig auftretende Fäulnis bei Alpenveilchen kann man dadurch verhindern, indem man beim Gießen kein Wasser über die Blätter rinnen lässt und regelmäßig welke Blüten und Blätter auszupft.

Amaryllis

Die Amaryllis wird in einen relativ kleinen Topf gepflanzt und zwar so, dass zwischen Topfrand und Zwiebel nur etwa 1 cm

Platz ist und die Zwiebel etwa ein Drittel aus der Erde herausragt. Nach dem Eintopfen und Angießen stellt man das Töpfchen am besten auf ein Fensterbrett über einer Heizung. In der Blütezeit (März bis Mai) allerdings sollte die Amaryllis kühl stehen; im Sommer kann man sie auch in den Garten stellen. Ab August wird sie weniger gegossen und im September wieder ins Haus geholt. Während ihrer Ruhezeit von Oktober bis Januar sollte sie vollkommen trocken stehen.

Anemonen

Anemonen lässt man nach der Pflanzung am besten einige Jahre in Ruhe.

Aralien

Aralien entwickeln sich am besten, wenn sie kühl und hell stehen, dabei sollte man direkte Sonnenbestrahlung vermeiden. Sie müssen reichlich gegossen, wöchentlich gedüngt und ab und zu abgebraust werden. Aralien entwickeln ein sehr dichtes Wurzelwerk und müssen daher häufig umgetopft werden.

Astern

Astern sollte man jedes Jahr auf einem anderen Beet aussäen. Sie werden dann weniger schnell von der Asternwelke befallen. Es gibt früh-, sommer- und herbstblühende Sorten. Sie sind sehr beliebte, dankbare Schnittblumen.

Azaleen

Azaleen sind kalkempfindlich und sollten deshalb nach Möglichkeit mit Regenwasser oder abgekochtem Wasser gegossen werden. Zum Düngen verwendet man einen kalkfreien Spezialdünger. Sie sind nahe verwandt mit dem Rhododendron.

Begonien

Begonien als Balkonpflanzen werden erst nach den Eisheiligen ins Freie gestellt. Hier bekommt ihnen ein schwach sonniger bis leicht schattiger Standort besser als pralle Sonne. Begonienknollen können zur Vermehrung der Pflanze im Frühjahr in einzelne Teile zerschnitten werden. Hierbei sollte man darauf achten, dass an jedem Teil eine oder mehrere Knospen sitzen. Das Faulen der Knollen vermeidet man durch Pudern der Schnittflächen mit Holzkohlestaub. Begonienknollen legt man im Frühjahr zum Antreiben in eine flache Obstkiste mit lockerem Erdgemisch. Sie werden dann mit einer dünnen Schicht Erde überdeckt, gegossen und an einen warmen Platz gestellt. Nach einiger Zeit sprießen die Triebe, und man stellt nun das Kistchen mit den Knollen an einen hellen Ort (Sonnenbestrahlung vermeiden). Wenn sich die ersten kräftigen Blätter entwickelt haben, pflanzt man die Begonien in Töpfe oder Balkonkästen. Begonienknollen werden den Winter über frostfrei und trocken aufbewahrt. Am besten eignet sich hierfür eine Obstkiste mit Torfmull, die man in einen kühlen, aber luftigen Lagerraum stellt.

Birkenfeige

Die Birkenfeige braucht einen möglichst hellen Standort, regelmäßige Wassergaben und häufige Düngung. Auch an hellen Standorten kann sie im Winter einen Teil ihrer Blätter abwerfen.

Blumenzwiebeln und -knollen

Blumenzwiebeln und -knollen können nicht von Mäusen angenagt werden, wenn man sie in Pflanzkörben aussetzt. Wenn man diese über den Winter im Keller eingelagert hat, müssen sie von Zeit zu Zeit kontrolliert werden. Faulende oder schimmelige Zwiebeln oder Knollen werden sofort entfernt, damit sie ihre gesunden „Nachbarn" nicht anstecken. Um eine Übertragung von Giftstoffen zu vermeiden, gehören sie nicht auf den Komposthaufen, sondern in die Mülltonne. Nach einem Heißwasserbad (25 Minuten in 50 °C heißem Wasser) blühen sie besser und werden seltener von Pilzen und Älchen (kleine, weiße Fadenwürmer, s. Nematoden S. 188) befallen. Nach dem Bad sofort auspflanzen. Das Bad hilft noch besser, wenn dem heißen Wasser etwas Knoblauch- oder Schachtelhalmextrakt zugefügt wurde.

Bogenhanf

Bogenhanf ist anspruchslos und robust, allerdings sehr empfindlich gegen Staunässe. Wenn die Blätter faulen, sollte man für einen guten Wasserabzug im Pflanzgefäß sorgen. Die verfaulten Blätter am besten gleich entsorgen.

Bougainvillea

Die Bougainvillea überwintert in einem kühleren Zimmer. Im Sommer sollte sie regelmäßig gegossen und gedüngt werden. Sie verträgt auch einen kräftigen Rückschnitt, der sie im nächsten Jahr wieder kräftiger blühen lässt.

Buchsbaum

Der Buchsbaum lässt sich einfach durch Stecklinge vermehren. Auf diese Weise kann man sich Buchshecken oder auch Beeteinfassungen selbst ziehen. Man schneidet ihn im Juli oder August.

Buntnesseln

Buntnesseln vermehrt man aus Stecklingen, indem man die Seitentriebe dicht unter der Blattachsel abschneidet und unter Glas bewurzeln lässt.

Calla

Die Calla ist sehr lichtbedürftig und sollte nach ihrer Blüte nur noch wenig gegossen und nicht gedüngt werden.

Christrose

Die Christrose ist eine der wenigen Pflanzen, die im Winter (Januar bis März) blühen.

Christusdorn

Der Christusdorn verträgt die volle Sonne sowie trockene, warme Zimmerluft. Er lässt sich leicht vermehren, indem man einige verholzte Triebe abschneidet und in Wasser stellt. Diese dürfen dabei nicht ihren Milchsaft verlieren. Nach einiger Zeit kann man sie in sandige Erde stecken.

Chrysanthemen

Chrysanthemen blühen an kühlen Standorten im Haus weiter, wenn man sie im Herbst in Töpfe umpflanzt. Sie wachsen besser an, wenn man sie im Frühjahr pflanzt. Chrysanthemen sollten in rauen Gegenden einen Winterschutz erhalten. Hierzu eignet sich Tannenreisig am besten. Verwendet man dagegen Stroh oder Laub, so sollte man die Pflanze nicht ganz damit abdecken.

Clematis

Clematis oder Waldrebe wächst am besten an warmen und geschützten Plätzen. Volle Sonne verträgt sie weniger gut. Möchte man Clematis auf feuchten Böden pflanzen, so ist es sinnvoll, eine etwa 10–20 cm starke Schicht Kies im Pflanzloch anzulegen. Hierüber kommt eine ca. 30 cm hohe Schicht Komposterde. Das Pflanzloch ist dann zwischen 40 und 50 cm tief. Die Clematis wird so gepflanzt, dass die Veredelungsstelle etwa eine Handbreit unter der Erdoberfläche sitzt. Sie sollte im Wurzelbereich beschattet werden. Hierzu eignen sich Stauden oder niedrige Gehölze. Clematis-Hybriden können von der sogenannten Clematiskrankheit befallen werden. Hierbei sterben die Triebe sehr bald ab. Erkrankte Triebe sollte man sofort ausschneiden und gleichzeitig durch Fußbeschattung und Dränage im Pflanzloch die Pflanze vor ungünstigen Bedingungen schützen! Clematis-Hybriden brauchen einen Winterschutz aus Stroh oder Laub, der wenigstens den Fuß der Pflanze bedecken sollte.

Clivien

Clivien gedeihen am besten an einem hellen Standort. Sie vertragen jedoch keine direkte Sonnenbestrahlung. Wenn sich der Blütenstängel nicht weiterentwickeln will, sollte man die Clivia heller stellen und evtl. etwas reichlicher gießen.

Dahlien

Dahlienknollen werden so tief gepflanzt, dass der Stängelansatz gerade mit Erde bedeckt ist. Sie bekommen schönere Blüten, wenn man von jeder Pflanze nur drei bis vier Triebe wachsen lässt. Schneiden Sie die ersten Knospen ab, so bekommen Dahlien eher Blüten. Nach dem ersten Frost holt man die Knollen aus der Erde und packt sie den Winter über in eine Sandkiste in den kühlen Keller. Dahlien halten länger in der Vase, wenn man sie zunächst kurz in heißes Wasser stellt und die Vase dann mit lauwarmem Wasser auffüllt.

Dieffenbachie

Dieffenbachien möchten hell und warm stehen. Sie gedeihen am besten, wenn sie regelmäßig Wasser und Dünger erhalten.

Edeldisteln

Edeldisteln schneidet man bei beginnender Blaufärbung. Als Trockenblumen geben sie einen hübschen Wohnungsschmuck ab.

Efeu

Selbst eine einzige Efeupflanze kann eine ganze Hauswand beranken, denn Efeu wächst bis zu 30 m hoch und über 10 m breit. Man pflanzt ihn am besten auf feuchten Böden und an halbschattigen bis schattigen Standorten. Efeu sollte an besonders heißen Tagen im Spätsommer und im Herbst regelmäßig gegossen werden.

Als Zimmerpflanze liebt er schattige und kühle Standorte und sollte vor voller Sonnenbestrahlung geschützt werden. Ein Standort in der Nähe der Heizung bekommt ihm ebenfalls nicht. Efeu vermehrt man folgendermaßen: Man bewurzelt eine noch an der Topfpflanze sitzende Ranke, indem man

sie auf der Erde eines zweiten Blumentopfes mit einem Stein beschwert. An den Blattachseln entstehen nach kurzer Zeit Wurzeln, die Ranke kann nun in einzelne Teile zerschnitten und verpflanzt werden.

Ehrenpreis

Ehrenpreis ist als teppichbildende Pflanze eine gute Wahl, wenn man keinen Rasen will.

Eibe

Eibe eignet sich hervorragend als Heckenpflanze. Sie verträgt so problemlos den Schnitt, dass man Figuren aus ihr formen kann. Die Früchte sind giftig.

Eisenhut

Eisenhut sollte in trockenen Sommern reichlich gegossen werden. Trockenheit bekommt ihm nämlich außerordentlich schlecht.

Engelstrompete

Engelstrompete oder Stechapfel wird bei mäßigen Temperaturen, etwa 10 °C, überwintert. Während der Wachstums- und Blütezeit reichlich gießen und düngen. Alle Teile der Pflanze sind giftig.

Eschen

Eschen sollten nur an feuchten Standorten gepflanzt werden. Eine Ausnahme macht allerdings die Blumenesche, die eher auf warmen, trockenen und kalkhaltigen Plätzen gedeiht.

Euphorbien

Euphorbien- oder Wolfsmilchsaft kann bei empfindlichen Menschen allergische Hautreaktionen hervorrufen. Man sollte Euphorbien daher nur mit Gummihandschuhen umpflanzen oder ganz die Finger davon lassen.

Farne

Farne sollte man unter Bäume oder Sträucher pflanzen. Hier finden sie die richtigen Standortbedingungen: Halbschatten und Humus. Sie gedeihen am besten, wenn man sie weitgehend in Ruhe lässt. Es reicht, sie im Frühjahr mit etwas Horn- und Knochenmehl zu düngen oder mit Waldkompost zu versorgen und sie bei Trockenheit zu wässern. Man vermehrt Farne durch Teilung im Frühjahr.

Feinstrahlastern

Feinstrahlastern oder Frühastern schneidet man nach der Blüte zurück. Sie danken es durch eine besonders schöne Nachblüte.

Fingerhut

Fingerhut samt sich auf trockenen, kalkarmen Böden selbst aus.

Flamingoblumen

Flamingoblumen vertragen weder zu trockene Luft noch zu niedrige Temperaturen. Zeigen sich an der Pflanze gelbe Blätter, so sollte man ihr einen günstigeren Standort gönnen: hell, warm und mit hoher Luftfeuchtigkeit.

Fleißige Lieschen

Fleißige Lieschen kann man durch Stecklinge einfach vermehren, indem man Triebspitzen unterhalb der Blattachseln abschneidet und in Wasser legt. Nach dem Bewurzeln werden sie in Töpfe oder Kästen gepflanzt. Sie lassen sich auch gut aus Samen ziehen.

Flieder

Flieder kann nach der Blüte ruhig kräftig zurückgeschnitten werden. In jedem Fall sollte man die welken Blütenstände abschneiden, damit der Flieder im nächsten Jahr umso reicher

blüht. Er hält in der Vase besonders lange, wenn man ihn täglich mit Wasser besprüht.

Formhecken

Formhecken schneidet man vorzugsweise im August. Der
Schnitt wird so geführt, dass die Hecke unten breiter ist als
oben.

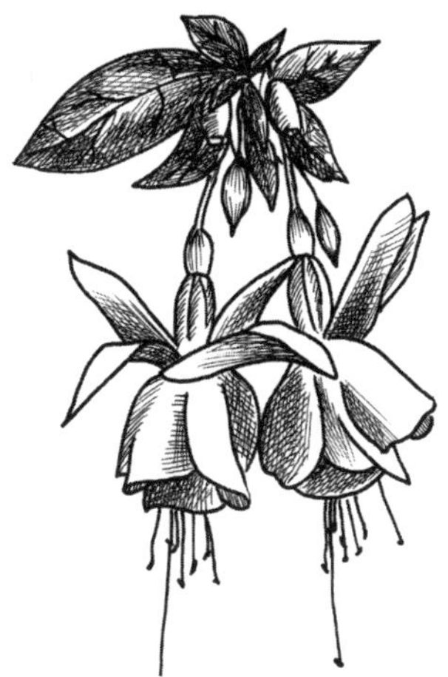

Fuchsien

Fuchsien werden durch Stecklinge vermehrt, die man in
ein Torf-Sand-Gemisch steckt. Die Bewurzelung erfolgt am
schnellsten und sichersten unter Glas. Man kann auch ein
großes Einmachglas überstülpen. Zu viel Stickstoff im Boden
verhindert die Blütenbildung, die pralle Mittagssonne mögen sie auch nicht. Reichliches Gießen verhindert, dass Blüten frühzeitig abfallen. Die Pflanze wird buschig, wenn man
sie häufig zurückschneidet. Knochenmehl bringt die Fuchsie
zum Blühen. So zieht man ein Kronenbäumchen: Zuerst regt
man das Wachstum mit stickstoffreicher Erde an und entfernt
bis auf einen Trieb alle Seitentriebe. Der Haupttrieb wird ent-

spitzt, sobald er Knospen ansetzt; von den nun kommenden Seitentrieben lässt man nur den kräftigsten stehen und bindet ihn an, er wird später zum Stamm des Bäumchens. Im zweiten und dritten Jahr ist der Stamm lang genug; er wird entspitzt und die Seitentriebe eingekürzt. Das wiederholt man, bis die Krone dicht genug ist. Dann gibt man auch keinen Stickstoffdünger mehr.

Gämswurz

Gämswurz oder Frühlingsmargerite gedeiht besser, wenn man sie ungestört wachsen lässt. Breitet sie sich zu stark aus, so kann man sie mit dem Spaten teilen, ohne ihre Wuchsfreudigkeit zu hemmen.

Gardenien

Gardenien reagieren sehr empfindlich auf direkte Sonnenbestrahlung und Staunässe. Sie dürfen grundsätzlich nur mit kalkarmen Spezialdüngern gedüngt werden, und beim Umtopfen sollte man Erde für Moorbeetpflanzen verwenden. Verfärben sich ihre Blätter gelb, so stehen Gardenien meist zu kalt.

Gehölze

Nadelgehölze und immergrüne Laubgehölze kauft man mit Ballen. Der Ballen ist meist in ein sogenanntes Ballentuch eingeschlagen. Beim Pflanzen wird das Tuch nicht entfernt, sondern lediglich aufgeknotet. Es verrottet von selbst. Sommergrüne Laubgehölze werden meist ohne Ballen gepflanzt. Hier ist ein Pflanzschnitt notwendig. Dabei werden mit einer großen Schere alle seitlich abstehenden Wurzeln abgeschnitten, sodass nur noch die senkrecht nach unten weisenden Wurzeln übrig bleiben. Da die nun wenig ausgebreitete Wurzel eine große Krone nur schlecht ernähren würde, müssen auch die Triebe eingekürzt werden. Dies sollte aber – auch bei Herbstpflanzung – immer nur im Frühjahr geschehen.

Geißblatt

Geißblatt oder Jelängerjelieber gedeiht am besten auf frischen Böden und an geschützten, halbschattigen Standorten. Nur das Immergrüne Geißblatt fühlt sich auch an schattigen Plätzen wohl. Es sollte nach der Blüte etwas zurückgeschnitten werden. Dies fördert einen stärkeren Blütenansatz und verhindert außerdem ein Kahlwerden der unteren Teile der Pflanze.

Geranien

Geranien, auch Pelargonien genannt, wachsen kräftiger und setzen mehr Blüten an, wenn man sie von Zeit zu Zeit mit Kaffeesatz düngt.

Geranienstecklinge schneidet man im August. Vor dem Einpflanzen lässt man sie aber am besten ein paar Stunden trocken liegen. Außerdem entfernt man die Knospen und die Schuppen an den Blattansätzen. Die Stecklinge bewurzeln am besten in einem Gemisch aus Kompost und Sand an einem schattigen Standort. Um Fäulnis zu vermeiden, sollte man darauf achten, dass beim Gießen kein Wasser über die Blätter der Stecklinge rinnt.

Gladiolen

Möchte man den ganzen Sommer über Gladiolen für die Blumenvase haben, so pflanzt man die Knollen in Abständen von zwei bis drei Wochen. Gladiolenknollen wachsen besser an und faulen nicht, wenn man sie vor dem Auspflanzen mit Holzkohlenasche bepudert. Sie halten in der Vase länger, wenn man sie kauft bzw. schneidet, solange die Blüten noch nicht aufgegangen sind. Man kann außerdem die oberste Spitze abbrechen.

Die Knollen werden Ende September aus dem Boden geholt, dabei die Erde vorsichtig von den Knollen bürsten und die alte Knolle von der neuen abbrechen. Die Knollen immer frostfrei, trocken und kühl aufbewahren.

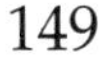

Glockenblume

Glockenblumen gibt es in zahlreichen Sorten für jeden Standort im Garten.

Gloxinie

Gloxinien pflanzt man im Frühjahr, dabei werden die Knollen flach in die Erde gesteckt. Die Vertiefung an den Knollen sollte nach oben zeigen. Flecken auf den Blättern der Gloxinie entstehen, wenn man sie durch unachtsames Gießen mit Wasser benetzt. Gloxinienknollen werden im Winter trocken aufbewahrt und im Frühjahr eingetopft bzw. eingepflanzt.

Glyzine

Glyzine oder Blauregen wird am besten immer mit dem Ballen gepflanzt. Nach der Pflanzung sollte sie einige Zeit vor praller Sonnenbestrahlung geschützt werden. Die jungen Pflanzen des Blauregens schützt man im Winter durch einen Strohmantel. Die Glyzine gedeiht am besten an sonnigen, warmen und geschützten Plätzen und sollte im August zurückgeschnitten werden. Kürzt man die jungen Triebe bis auf drei restliche Augen ein, so kann man im nächsten Jahr mit einer reicheren Blüte rechnen.

Goldlack

Goldlack blüht schon im zeitigen Frühjahr, wenn man die Pflanzen im Herbst in Töpfe umsetzt und im Haus überwintert. Er wird sehr gerne von Kaninchen gefressen.

Goldregen

Goldregen wird gerne von Wildkaninchen angefressen. Zur Vorbeugung umzäunt man den Stamm mit Maschendraht.

Goldrute

Goldrute blüht bis Ende Oktober/Anfang November, wenn man sie regelmäßig schneidet.

Gräser

Die meisten Gräser brauchen kaum Pflege. Es reicht, sie im Frühjahr zurückzuschneiden, falls überhaupt nötig. Einige Arten brauchen Winterschutz. Starkwüchsige Gräser kann man begrenzen, indem man sie in einen Eimer ohne Boden setzt.

Hängenelken

Hängenelken gedeihen am besten unter einem Regenschutz an einem sonnigen Standort. Die Blätter sollten beim Gießen auf keinen Fall feucht werden.

Hecken

Hecken an der Straßenseite des Gartens halten nicht nur Lärm und neugierige Blicke ab, sondern auch Straßenstaub. Sie werden schnell dicht, wenn man die Pflanzen ziemlich eng aneinander setzt.
Nach wenigen Jahren muss man allerdings einige Stauden wieder abschneiden.

Herbstastern

Herbstastern sollte man nicht zu dicht pflanzen, um ihrer Anfälligkeit gegen Mehltau vorzubeugen.

Herbstzeitlose

Die Herbstzeitlose wächst am besten, wenn man sie in Ruhe lässt.

Hibiskus

Hibiskus oder Eibisch treibt üppigere Blüten, wenn er alle zwei Jahre zurückgeschnitten wird. Er wird nur im Frühjahr gepflanzt. Hibiskus reagiert empfindlich auf einen Standortwechsel. Er wirft dann häufig seine Blütenknospen ab, die sich aber nach einer gewissen Ruhezeit wieder neu bilden. Am besten gedeiht Hibiskus als Kübelpflanze bei normaler

Zimmertemperatur, reichlichen Wassergaben im Sommer und regelmäßigem Düngen.

Hortensien

Hortensien brauchen reichlich Wasser, das jedoch nicht kalkhaltig sein sollte. Daher sollte man statt Leitungswasser lieber Regenwasser oder abgekochtes Wasser zum Gießen nehmen. Sie gedeihen besonders prächtig, wenn man ab und zu 1 TL Knochenmehl mit dem Gießwasser vermischt. Beim Umpflanzen sollte man spezielle saure Erde benutzen. Nur zum Auslichten schneiden, denn Hortensien blühen am vorjährigen Holz. Sie werden mit zunehmendem Alter schöner. Die Blüten nehmen je nach Standort und Sorte eine rosa, rote oder blaue Farbe an. Eine Gelbfärbung der Blätter wird häufig durch Staunässe oder zu viel Kalk im Boden hervorgerufen.

Hyazinthen

Hyazinthen blühen länger, wenn man sie möglichst kühl stellt.

Kaiserkrone

Die Kaiserkrone vertreibt mit ihrem Geruch die Wühlmäuse. Sie selbst mag es am liebsten völlig ungestört.

Kakteen

Kakteen blühen oft besser, wenn man sie im Winter kühl stellt. Gliederkakteen wie Oster- und Weihnachtskaktus mögen weder volle Sonne noch Staunässe. Sie gedeihen am besten an hellen und luftigen Standorten. Man vermehrt sie am einfachsten durch sogenannte Gliederstecklinge, wobei man Teile der Triebe abtrennt und in Erde bewurzeln lässt.

Kamelien

Kamelien bilden ihre Knospenanlagen am besten bei warmen Sommertemperaturen an einem halbschattigen Platz im Garten aus. Im Herbst sollten sie kühl, hell und luftig stehen. Zum Gießen verwendet man kalkfreies Wasser. Etwa alle drei Jahre sollte man sie umtopfen, dabei muss auf spezielle Erde (Heide- oder Nadelwalderde) geachtet werden.

Kiefern

Kiefern brauchen viel Licht. Sie sollten nicht unter anderen Bäumen oder im Schatten von Häusern angepflanzt werden. Besser ist es, wenn sie nicht in der Nähe von Johannisbeeren stehen, da sie als Zwischenwirt für Pilzkrankheiten dienen.

Klettergehölze

Klettergehölze unterteilt man in Schlinger, Ranker, Kletterer und Klimmer. Während sich die drei erstgenannten Arten selbst an Mauern oder Rankgerüsten festhalten, müssen die Klimmer angebunden werden.

Kletterhortensien

Kletterhortensien sollte man an warmen Tagen gründlich gießen. Sie mögen halbschattige, warme und windgeschützte Standorte und leicht sandige Böden.

Kletterpflanzen

Auch sich selbst festhaltende Arten müssen nach der Pflanzung erst einmal an Wänden oder Rankgerüsten befestigt werden. Die jungen Triebe brauchen nämlich einige Zeit, bis ihre Haftorgane selbstständig Halt finden.

Kletterpflanzen pflanzt man in Abständen von mindestens 2–3 m. Sie sollten nicht im Regenschatten einer Wand, sondern in etwa 30–40 cm Abstand gepflanzt werden. Einjährige Kletterpflanzen verzweigen sich stärker, wenn man bei den Jungpflanzen die Triebspitzen abschneidet. Kletterpflanzen können bedenkenlos zurückgeschnitten werden. Hierdurch wird sogar vielfach ein reicherer Blütenansatz gefördert.

Sie erreichen unterschiedliche Wuchshöhen. So wächst der Efeu bis in 30 m Höhe und der Knöterich erreicht wie der Wilde Wein bis zu 15 m. Blauregen kann bis zu 10 m hoch werden und Geißblatt sowie Clematis können etwa 5 m Höhe erreichen.

Kletterpflanzen kann man leicht als Hecken verwenden, wenn man sie an Stützen entsprechend führt. Schnell wachsende Kletterpflanzen verdecken auf diese Weise einen hässlichen Drahtzaun innerhalb von zwei bis drei Jahren.

Königskerze

Die Königskerze findet man als anspruchslose, uralte Kulturpflanze oft verwildert. Sie gedeiht auf leichtem Sand- und Geröllboden und verträgt keine Staunässe.

Kroton

Kroton oder Wunderstrauch gedeiht am besten, wenn er häufig mit Wasser besprüht wird. Verliert er seine typischen hellen Blattzeichnungen, so sollte man ihn an einen sehr hellen Platz umpflanzen. Verliert er seine Blätter, dann leidet er unter zu trockener Luft oder er steht an einem zu kühlen Standort.

Kugeldisteln

Kugeldisteln eignen sich besonders gut für Trockensträuße. Damit sie auch in getrocknetem Zustand ihre schöne Farbe behalten, schneidet man sie, wenn sie gerade erst blau zu werden beginnen.

Lebensbäume

Lebensbäume oder Thujen verfärben sich im Winter leicht bräunlich. Möchte man dies vermeiden, so sollte man häufiger stark stickstoffhaltigen Dünger verwenden.

Leberblümchen

Leberblümchen gedeihen als pflegeleichter, immergrüner Unterwuchs unter Gehölzen.

Levkojen

Levkojen gibt es mit einfachen und gefüllten Blüten. Wenn man nur die gefüllten Blüten will, sät man einfach dichter aus und zieht später die Pflanzen mit einfachen Blüten heraus. Levkojensämlinge sind meist anfällig für Pilzkrankheiten; dem kann man durch desinfizierte Aussaaterde und durch sparsames Gießen vorbeugen.

Liguster

Für eine dichte Ligusterhecke pflanzt man pro m vier bis fünf Sträucher. Liguster wächst sicher an, wenn man ihn nach der Pflanzung bis auf zwei Handbreit über dem Boden zurückschneidet.

Lilien

Lilien blühen besser, wenn sie ab Juni hin und wieder großzügig mit warmem Wasser gegossen werden. Man sollte Lilien nicht umsetzen. Staunässe vertragen sie überhaupt nicht. Im Herbst sollte man Kompost verabreichen. Lilien werden immer schöner, je älter sie sind.

Von Wühlmäusen werden sie nicht geschädigt, wenn man sie mit Kaiserkronen zusammen pflanzt, und Knoblauchpflanzen in der Nachbarschaft schützen vor Schimmel. Gute Partner für Lilien sind auch Immergrün, Kriechender Günsel und Edelraute.

Lobelien

Lobelien oder Männertreu blühen im Herbst ein zweites Mal, wenn sie nach der ersten Blüte zurückgeschnitten werden.

Lorbeerbäumchen

Lorbeerbäumchen darf man erst nach den Eisheiligen ins Freie stellen. Sie gedeihen im Sommer am besten an einem warmen, auch sonnigen Standort. Im Winter stellt man sie hell und sehr kühl, aber unbedingt frostfrei. Auf keinen Fall sollte Lorbeer im Haus an einem warmen Platz stehen. Dies fördert den Befall von Spinnmilben sowie von Schild- und Wollläusen.

Löwenmäulchen

Löwenmäulchen blühen bis weit in den späten Herbst hinein, wenn man ihre verwelkten Blütenstände immer wieder abschneidet.

Lupinen

Möchte man die Blütezeit von Lupinen verlängern, so sollte man sie den ganzen Sommer über möglichst regelmäßig schneiden. Man vermehrt Lupinen am besten durch Aussäen. Ältere Stauden lassen sich kaum verpflanzen, da sie eine besonders lange und dicke Wurzel haben. Da sie empfindlich auf Störungen reagieren, sollte der Boden nur oberflächlich und vorsichtig bearbeitet werden.

Magnolien

Magnolien pflanzt man im Frühjahr. Sie müssen regelmäßig und reichlich gewässert werden.

Maiglöckchen

Maiglöckchen möchten in der Vase allein stehen. Beim Zusammenstellen mit anderen Blumen welkt der Strauß sehr bald. Maiglöckchen können für Kleinkinder gefährlich werden, denn sie sind giftig.

Margeriten

Margeriten blühen länger, wenn man sie häufig zurückschneidet. Man vermehrt sie durch Teilung. Margeriten und Madonnenlilien vertragen sich nicht in der gleichen Vase; der Strauß beginnt dann sehr bald zu welken.

Maßliebchen

Das Maßliebchen oder Tausendschön ist ein dankbarer Frühlingsblütler und eignet sich gut als Einfassung für die Beete.

Mimosen

Mimosen gedeihen nicht in Räumen, in denen viel geraucht wird. Ein heller, warmer Standort mit frischer Luft, keine Zugluft, bekommt ihnen am besten.

Mohn

Mohn lässt sich nicht verpflanzen. Boden nur vorsichtig bearbeiten und Staunässe verhindern. Mohn schneidet man für Blumensträuße, bevor er aufgeblüht ist. Dann hat man etwas länger Freude an den schönen, leider schnell verblühenden Blumen.

Myrten

Myrten vermehrt man durch Stecklinge, indem man die Spitze eines schon festen, noch nicht verholzten Triebs abschneidet und in ein Sand-Torf-Gemisch steckt. Die Bewurzelung erfolgt leichter, wenn die Stecklinge unter Glas warm und feucht gehalten werden.

Nadelgehölze

Nadelgehölze, auch Koniferen genannt, aber auch viele andere Pflanzen, sind empfindlich gegen Schneebruch. Um ein Knicken oder Abbrechen der Äste zu vermeiden, schüttelt man nach starken Schneefällen den Schnee ab.

Narzissen

Narzissen sollten nach vier bis fünf Jahren umgesetzt werden. Wühlmäuse fressen keine Narzissen. Narzissen, die für einen gemischten Schnittblumenstrauß vorgesehen sind, werden zwei Stunden in eine eigene Vase gestellt und kommen erst dann zum Strauß. Narzissen sind giftig, deswegen sollten Sie bei Kindern immer aufpassen.

Nelke

Die Gartennelke ist einjährig und die Sommernelke zweijährig, sie sind sehr beliebte und haltbare Schnittblumen. Sie werden gerne von Wühlmäusen und Kaninchen gefressen.

Oleander

Oleander wird ähnlich behandelt wie das Lorbeerbäumchen
(s. S. 156). Auch ihm bekommt ein zu warmer Winterstandort
schlecht. Oleander wirft seine Blätter ab, wenn er zu trocken
oder zu nass steht, deshalb für einen guten Wasserabzug im
Kübel sorgen. Er ist anfällig für Schildlausbefall.

Orchideen

Orchideen vertragen kein kalkreiches Wasser. Man sollte also
das Gießwasser vorher abkochen. Orchideen als Schnittblumen sollte man nicht in kaltes, sondern in lauwarmes Wasser
stellen. Dann halten sie länger frisch.

Palmlilien

Palmlilien oder Yuccas sollten regelmäßig gegossen und gedüngt werden, sonst blühen sie nicht.

Pantoffelblumen

Pantoffelblumen kann man nach dem Abblühen bedenkenlos
zurückschneiden. Dies fördert die Blühwilligkeit im nächsten
Jahr.

Papyrus

Papyrus fühlt sich am wohlsten in einer sumpfähnlichen Umgebung. Er wird daher am besten in ein entsprechend großes,
wasserdichtes Pflanzgefäß eingesetzt, wobei man beim Gießen darauf achten sollte, dass das Wasser immer knapp über
der Erde steht.

Passionsblumen

Passionsblumen kann man durch Aussäen im Frühjahr oder
durch Stecklinge vermehren. Die Jungpflanzen wachsen am
besten in Kompost- oder Mistbeeterde an. Passionsblumen
sollte man im Winter kühl stellen und wenig gießen. Im Frühjahr werden ihre Ranken stark zurückgeschnitten.

Petunien

Petunien gedeihen nur in voller Sonne wirklich gut. Regelmäßig gießen und düngen. Vor einer längeren Abwesenheit sollten sie zurückgeschnitten werden.

Pfeifensträucher

Pfeifensträucher oder Falscher Jasmin blühen reicher, wenn sie von Zeit zu Zeit ausgelichtet werden, dabei nur das alte Holz abschneiden.

Pfingstrosen

Pfingstrosen pflanzt man so, dass die Triebknospen etwa mit der Erdoberfläche abschließen. Werden sie zu tief gepflanzt, dann entwickeln sich die Blüten nicht. Sie gedeihen am besten, wenn sie ungestört an ihrem Standort bleiben dürfen. Ihre flachen Wurzeln reagieren empfindlich auf eine Bodenbearbeitung. Pfingstrosen brauchen keinen Winterschutz, denn unter einer Stroh-, Laub- oder Torfdecke werden sie sehr leicht von Pilzerkrankungen befallen. Nach drei Jahren entfalten die Pfingstrosen ihre ganze Pracht.

Pflanzen, frisch umgetopfte

Frisch umgetopfte Pflanzen sollte man nicht sofort, sondern erst nach zwei bis drei Wochen düngen. Dann wachsen sie viel besser an.

Philodendron

Wird der Philodendron von Schildläusen oder der Roten Spinne befallen, so kann dies eine Folge von zu trockener Luft oder einem zugigen Standort sein.

Phlox

Phlox oder Flammenblume gibt es als Sommerblume und Staude. Die Stauden kümmern, wenn man mehr als drei Pflanzen zusammensetzt. Wenn Staudenphlox nicht mehr wachsen will, teilt man den Wurzelstock. Jeder Wurzelstock sollte drei bis vier Triebe haben. Phlox wird häufig von Älchen (kleine, weiße Fadenwürmer, s. Nematoden S. 188) befallen. Diese Erkrankung erkennt man daran, dass die Pflanzen kümmern und weiche, knickende Stängel sowie verkrüppelte Blätter aufweisen. Vorbeugend sollte man an trockenen Tagen regelmäßig und reichlich gießen sowie im Frühjahr mit Kompost düngen. Ist die Pflanze bereits befallen, so schneidet man die erkrankten Triebe bis hinunter an den Wurzelstock ab und vernichtet sie, damit sie den Schädling nicht übertragen.

Primeln

Primeln als Zimmerpflanzen sollte man kühler stellen, wenn ihre Blätter braune Verfärbungen bekommen. Sie vertragen weder volle Sonne noch trockene Heizungsluft. Ihre Blüten halten sich im etwas kühleren Raumklima am längsten. Primeln sind heikel und möchten in der Vase allein stehen. Zusammen mit anderen Schnittblumen welkt der Strauß bald.

Reseda

Reseda blüht fortlaufend bis zum ersten Frost. Sie eignet sich als Einfassungspflanze an vollsonnigen Standorten und ist eine dankbare Schnittblume.

Rhododendron

Rhododendron gedeiht nur auf einem sauren Boden, der nicht zu trocken sein darf. Staunässe verträgt er auch nicht. Er gehört ins Moorbeet und in den Halbschatten. Rhododendron sollte nicht mit kalkhaltigem Wasser gegossen und nur mit Spezialdünger gedüngt werden. Er blüht im folgenden Jahr üppiger, wenn man seine Blütenstände nach der Blüte ausbricht.

Rittersporn

Rittersporn blüht im Herbst noch einmal, wenn er nach der Blüte im Sommer sofort zurückgeschnitten und dann auch gedüngt wird. Er verträgt sich untereinander schlecht; man sollte zwischen zwei Pflanzen 1 m Abstand lassen und andere hoch wachsende Stauden dazwischen pflanzen. Rittersporn und Lilien pflanzt man nebeneinander. Sie gedeihen dann besonders gut.

Rosen

Rosen müssen abgeschnitten werden, wenn sie in schönster Blüte stehen, das bringt neue Knospen und Blüten. Sie sollten nicht direkt vor Mauern gepflanzt werden (zu heiß, zu trocken) und dürfen auch keiner Staunässe ausgesetzt sein oder im Traufenbereich von Bäumen und Sträuchern (lange Berieselung von oben) stehen. Rosen kann man trocknen, indem man sie einfach an den Stielen mit dem Kopf nach unten an einem luftigen, nicht feuchten Ort aufhängt.

Scheinzypressen

Scheinzypressen sollte man an freien Standorten mit Tannenreisig schützen. So kann man Frostschäden vorbeugen.

Schleierkraut

Schleierkraut macht sich hübsch in Trockensträußen. Man schneidet es während der Blüte und trocknet es an einem luftigen und schattigen Platz.

Schneeglöckchen

Schneeglöckchen-Zwiebeln sollten sofort nach dem Kauf gepflanzt werden.

Schnittblumen

Es ist nicht egal, wie Sie die Blumen abschneiden. So halten Rosen z. B. länger, wenn man ihre Stiele schräg abschneidet. Nelken hingegen sollte man oberhalb eines Knotens gerade abschneiden und verholzte Stiele (z. B. bei Flieder) klopft man mit dem Hammer. Frühmorgens geschnitten halten Schnittblumen länger. Sie bleiben länger frisch, wenn man eine Aspirintablette ins Blumenwasser wirft, 1 EL Rohrzucker hinzugibt oder etwas schwarzen Tee. Sie halten außerdem länger, wenn man in die Blumenvase eine Kupfermünze oder ein Stück zusammengerollten Kupferdraht gibt.

Schnittblumen richten ihre hängenden Blütenköpfe wieder auf, wenn man in die Blumenvase lauwarmen, gesüßten Bohnenkaffee gießt. Rosen und Nelken vertragen sich nicht in einer Vase. Sie bringen einander rasch zum Welken. Geknickte Blumenstiele kann man aufrichten, indem man die Knickstelle mit einem Klebeband umwickelt oder den Stängel mit einem aufgeschnittenen Strohhalm „schient".

Schönmalven

Die Schönmalve, eine tropische Zimmerpflanze, kann man im Sommer auch an einem geschützten Platz im Freien aufstellen. Sie muss dann auf jeden Fall immer reichlich gegossen werden. Im Winter stellt man sie an einen kühlen Ort und gießt nur sparsam.

Schwertlilie

Schwertlilien gedeihen am prächtigsten, wenn sie weitgehend ungestört bleiben. Sie reagieren empfindlich auf Staunässe. Schwertlilien können vom Wind umgeknickt werden. Pflanzung vor Zäunen oder Stützstäbe verhindern dies.

Sommerblumen

Ein- und zweijährige Sommerblumen sät man am besten an
Ort und Stelle aus; empfindliche Arten zieht man vor. Die
Aussaaten von Sommerblumen können wesentlich einfacher
von Unkraut befreit werden, wenn man sie in Reihe sät. Sommerblumen blühen meist reichhaltiger, wenn sie zurückgeschnitten werden.

Sonnenblume

Sonnenblumen wachsen umso größer, je mehr man sie düngt
und gießt.

Sonnenhut

Sonnenhut breitet sich rasch aus, wenn man ihn lässt. Verhindern kann man das beispielsweise, indem man ihn in Töpfe
setzt, die im Boden ein sehr großes Loch haben.

Stauden

Stauden kann man meistens durch Teilung vermehren. Hierbei gräbt man den Wurzelballen der Pflanze nach der Blütezeit oder im zeitigen Frühjahr aus und teilt ihn mit dem
Spaten oder einem Messer in mindestens faustgroße Stücke.
Beim Wiedereinpflanzen werden Stauden gut angedrückt
und gründlich gegossen.

Stechpalmen

Stechpalmen bilden nur dann Früchte, wenn weibliche und männliche Stechpalmen-Pflanzen in nächster Umgebung zusammenstehen.

Steinkraut

Steinkraut blüht im Herbst ein zweites Mal, wenn man die Pflanze nach der ersten Blüte mit einer Gartenschere stutzt. Es eignet sich gut als Beeteinfassung oder als Unterpflanzung bei Rose und Lilie.

Steppenkerzen

Die Steppenkerze oder Lilienschweif ist besonders empfindlich gegen stehende Nässe. Beim Pflanzen sorgt man für besseren Wasserablauf, indem man zunächst eine Schicht Sand oder Kies in das Pflanzloch gibt. Steppenkerzen werden etwa 15 cm tief gepflanzt.

Stiefmütterchen

Stiefmütterchen blühen schon sehr frühzeitig, wenn man sie im Herbst in Balkonkästen pflanzt.

Stockrosen

Stockrosen sind alte Bauerngartenpflanzen. Im Sommer müssen sie reichlich gegossen werden. Nach der Blüte sollte man sie zurückschneiden. Stockrosen oder Rosenmalven werden leicht vom Wind umgeknickt. Man sollte sie daher an einem Zaun oder einem Stützstab festbinden. Bei zu dichter Pflanzung oder zu viel Beschattung werden sie gern von Pilzen befallen. Dem kann man entgegenwirken, indem man die Pflanzen in großem Abstand zueinander pflanzt.

Strohblumen

Strohblumen schneidet man, solange das Herz der Blüte noch geschlossen ist.

Studentenblumen

Studentenblumen oder Tagetes wirken einem Befall anderer Pflanzen durch Fadenwürmer (Nematoden) entgegen.

Taglilien

Taglilien gedeihen nur, wenn sie einige Jahre lang ungestört am gleichen Standort, gerne ein feuchter Ort, wachsen können. Man kann sie erst nach fünf Jahren durch Teilung vermehren. Danach kann es ein bis zwei Jahre dauern, bis die Pflanze wieder blüht.

Tränendes Herz

Die Staude verwelkt nach der Blüte und kommt erst im nächsten Jahr wieder. Verwelkendes Laub abschneiden. Um die Lücke im Beet zu schließen, sollte die Nachbarpflanze viel Laub besitzen.

Trockenblumen

Trockenblumen lassen sich leicht präparieren, wenn man die Stängel etwa 10 cm tief in eine Lösung aus Wasser und Glyzerin (2:1) stellt.

Trompetenwinden

Trompetenwinden gedeihen nur an sonnigen und geschützten Standorten.

Tulpen

Einen verfrühten Austrieb von Tulpenzwiebeln verhindert man, indem man im Herbst eine Schicht Torf über die Pflanzstelle ausbreitet. Nach zwei Jahren sollten die Zwiebeln ausgegraben und an einen neuen Standort gepflanzt werden. Tulpen in der Blumenvase richten ihre Köpfe wieder auf, wenn man 1 TL Zucker ins Blumenwasser gibt. Man stellt Tulpen in der Vase nicht mit Osterglocken oder Narzissen zusammen, denn solche Sträuße welken bald.

Usambaraveilchen

Usambaraveilchen bekommen hässliche braune Flecken, wenn beim Gießen (v. a. mit Düngerlösung) Wasser über ihre Blätter rinnt. Man vermehrt sie aus Blattstecklingen. Dafür steckt man ein abgeschnittenes Blatt in eine Erdmischung aus Sand und Torf und hält es unter Glas warm und feucht. Nach wenigen Wochen bildet sich eine Tochterpflanze.

Verbenen

Verbenen oder Eisenkraut schmücken den Balkon länger, wenn man alte Blüten regelmäßig auszupft. Sie müssen in gleichmäßigen Abständen gegossen und gedüngt werden.

Vergissmeinnicht

Vergissmeinnicht macht sich wunderschön unter langstieligen Tulpen.

Weigelie

Die Weigelie blüht beständig, wenn man den Strauch alle zwei Jahre auslichtet.

Weihnachtssterne

Weihnachtssterne werfen bei Kälte und Zugluft ihre Blätter ab. Deshalb sollte man sie beim Kauf besonders gut verpacken lassen.

Winterjasmin

Winterjasmin ist eine sommergrüne Klimmpflanze, die bis zu 2 m hoch wird. Er gedeiht nur an sonnigen bis halbschattigen und besonders geschützten Plätzen. Er möchte bei Trockenheit regelmäßig gegossen werden. In rauen Lagen sollte er einen Winterschutz aus Stroh oder ähnlichen Materialien erhalten.

Zinnie

Zinnien werden bis zu 1 m hoch. Sie brauchen Sonne und auch Wärme und faulen in der Regel sehr schnell, wenn es ihnen zu feucht ist.

Zitronengeranie

Möchte man eine möglichst buschige, volle Pflanze haben, so kann man die Zitronengeranie das ganze Jahr über zurückschneiden.

Zwiebel- und Knollenpflanzen

Zwiebel- und Knollenpflanzen sind dem Frost in Balkonkästen wesentlich mehr ausgesetzt als im Gartenboden. Ein Winterschutz, beispielsweise mit Mooskissen, Flechten, Tannenzweigen, ist also unbedingt nötig!

Zyperngras

Zyperngras kann man ganz leicht vermehren: Man stutzt bei einigen abgeschnittenen Halmen die Blätter und legt sie mit den Blattstümpfen nach unten in ein Glas Wasser. Nach einiger Zeit bilden sich dann junge Pflanzen.

Zyperngras gedeiht am besten, wenn es im Wasser steht. Zum Einpflanzen benötigt man daher ein dichtes Pflanzgefäß bzw. einen Tontopf, der aber unbedingt in einem ausreichend großen, wasserdichten Übertopf stehen muss. Beim Gießen achtet man darauf, dass das Wasser immer ein wenig über dem Erdreich im Pflanzgefäß steht.

Krankheiten, Schädlinge & Nützlinge

Absammeln der Schädlinge

Das Absammeln von Schädlingen (z. B. Schnecken) ist sicherlich eine der wirkungsvollsten und „biologischsten" Bekämpfungsmethoden bei geringem Befall. Wenn man frühzeitig mit dem Absammeln beginnt, kann es erst gar nicht zur Vermehrung und Verbreitung der Schädlinge kommen. Ein einmaliges Absammeln führt jedoch selten zum Erfolg, da dabei viele Schädlinge, insbesondere ihre Brut, unentdeckt bleiben.

Abschütteln der Schädlinge

Das Abschütteln der Schädlinge (z. B. Raupen) von den Pflanzen ist eine wirksame Bekämpfungsmethode. Vergessen Sie aber nicht, Papier oder Folie unter den Pflanzen auszulegen, damit Sie die Schädlinge bequem einsammeln können und sie sich nicht in die Erde verkriechen.

Ackerschachtelhalm

Ein Jauche aus Ackerschachtelhalm als Spritzbrühe hilft gegen Blattläuse, Rote Spinne und schützt vor Pilzen. Sie wirkt besser, wenn man etwas Spiritus oder Pflanzenseife zugibt.

Ackerwinden

Ackerwinden zieht man zweimal jährlich bei feuchtem Boden an den Enden heraus. Da die Winden nur in der Sonne wachsen, hilft es, die Aussaatbeete zu schattieren.

Ameisen

Ameisen und andere krabbelnde oder kriechende Insekten gelangen nicht auf den Gartentisch, wenn man die Beine des Tisches in mit Wasser gefüllte Gefäße stellt. Man kann Ameisen durch das Aufstellen eines Tellers mit Honig- oder Zuckerwasser anlocken und dann entfernen. Ameisennester gräbt man aus. Wer nicht ganz so rigoros sein will, drückt frische Blätter von Kerbel, Thymian, Majoran, Lavendel oder frische, abgegeizte Tomatentriebe in die Erde des Ameisenbaus. Der Geruch soll die Ameisen vertreiben. Man hält sie von Frühbeeten und Gewächshäusern fern, wenn man rundum Kerbelkraut auslegt, Guano streut oder flache Behälter mit einem Hefe-Honig-Wasser-Gemisch als Falle aufstellt.

Amerikanischer Stachelbeermehltau

Diese Krankheit ruft einen filzartigen, weißlichen Belag auf den Blättern hervor, die dann bald abfallen. Wichtigste Maßnahme zur Abhilfe: alle Triebspitzen bis ins gesunde Holz zurückschneiden. Als biologische Spritzmittel gelten Farnkraut-, Schachtelhalm-, Weinfarn- und Brennnesselbrühe. Diese Brühen sollten sowohl über die erkrankten Sträucher als auch über den Boden gespritzt werden, da die Pilze auch im Boden überwintern. Besonders wichtig ist eine restlose Beseitigung aller mehltaubefallenen Pflanzenteile, also der Blätter, Früchte und Triebspitzen. Selbstverständlich gehören diese Pflanzenteile nicht auf den Kompost.

Ampfereulen

Ampfereulen oder Meldeneulen sind häufige Schädlinge, deren Raupen nachts fressen und sich tagsüber in der Erde verstecken. Sie treten häufig an Kohlpflanzen auf und können durch intensive Bodenbearbeitung bekämpft werden.

Apfelwickler

Sind die Äpfel oder Birnen wurmstichig, so waren die Maden des Apfelwicklers am Werk. Gegen diesen Schädling hilft eine regelmäßige Spritzung mit Wermuttee oder man fängt ihn mit einem Fanggürtel aus Wellpappe. Dazu bindet man einen Streifen Wellpappe ab Mai/Juni um den Baumstamm und erneuert ihn im Lauf des Sommers einige Male. Die Larven des Apfelwicklers überwintern in den Schuppen der Rinde. Durch regelmäßiges Abkratzen der Rinde kann man sein Auftreten stark eindämmen.

Asseln

Asseln sind harmlos bis nützlich als Zersetzer, aber nicht erwünscht im Treibhaus und in Frühbeeten. Man kann ihre Schlupfwinkel wegräumen oder sie mit ausgehöhlten Kartoffeln ködern. Das gelingt ebenso bei Tausendfüßlern.

Aussaaten

Aussaaten unter Glas werden seltener von Pilzkrankheiten befallen, wenn man sie sehr vorsichtig gießt. Sie sollten auf keinen Fall nass stehen.

Austriebsspritzung

Kurz bevor die Knospen aufbrechen, sollten die überwinternden oder ersten Jugendstadien von Obstbaumschädlingen mit entsprechenden Mitteln, meist Ölpräparaten, bekämpft werden.

Basilikum

Basilikum sollte man zwischen Tomaten pflanzen. Hier hält es Schädlinge und Krankheiten ab und vertreibt Fliegen und Mücken aus seiner unmittelbaren Umgebung. Pflanzen Sie es deshalb in die Nähe Ihrer Sitzecke im Garten.

Baumkrebs

Krebswunden schneidet man frühzeitig und großzügig aus und verschließt die Schnittstelle mit Baumharz.

Beinwelljauche

Beinwelljauche (Vierpflanzenjauche) ist ein bewährter Flüssigdünger. Durch ihren besonders hohen Gehalt an Kali wirkt Beinwelljauche allgemein stärkend auf alle Pflanzen und daher vorbeugend gegen Schädlingsbefall.

Blattfleckenkrankheit

Die Blattfleckenkrankheit an Tomaten kann man durch eine Spritzung mit Magermilchbrühe (1/4 l Milch auf 2 l Wasser) bekämpfen.

Blattläuse

Blattläuse an Zimmerpflanzen gehen ein, wenn man die Pflanzen mit einem Sud besprüht, den man aus billigem Seifentabak und Wasser gekocht hat. Die Flüssigkeit wird durch ein Tuch gesiebt und in einen Pflanzensprüher gefüllt. Bei geringem Befall reicht es, befallene Triebe und Zweige einige Sekunden in max. 55 °C heißes Wasser zu tauchen. Zimmerpflanzen kann man auch etwa eine Stunde lang kopfüber in einen Wassereimer hängen. Blattläuse vertragen außerdem Bitterstoffe nicht, also sollte man Pflanzen mit einem Absud oder Tee aus Wermutkraut, Schafgarbenkraut, Engelwurz oder Tausendgüldenkraut einreiben bzw. besprühen. Nach zwei bis drei Wochen wiederholen. Blattläuse und viele andere Insekten kann man gut durch Bepudern der Pflanzen mit Holzasche bekämpfen. Sie haftet am besten, wenn die Pflanzen frühmorgens noch taufeucht sind. Darüber hinaus kann man Blattläuse auch durch das Hinzupflanzen von Kapuzinerkresse, Knoblauch und Lavendel von Rosen und anderen Gewächsen abhalten. Auch Marienkäfer helfen bei Blattlausbefall.

Blindschleichen

Blindschleichen gehören zu den besonders nützlichen Tieren im Garten. Sie ernähren sich hauptsächlich nachts von Nacktschnecken und Insekten. Die Tiere sind keine Schlangen (!) und für den Menschen völlig ungefährlich.

Blutlausbefall

Blutläuse erkennt man an weißen, watteartigen Nestern. Blutlausbefall an Obstbäumen kann man dadurch verhindern, dass man dicht um ihren Stamm herum Kapuzinerkresse aussät. Dem Auftreten des Schädlings beugt man vor, indem man die Rinde von Obstbäumen regelmäßig säubert (abkratzt) und Ritzen mit Leim verschmiert. Auf eine überwinternde Lauskolonie spritzt man heißes Wasser oder pinselt sie mit einem Spiritus-Fett-Gemisch (1:3) aus.

Bohnenkraut

Bohnenkraut und auch Borretsch, zwischen die Bohnenstangen gepflanzt, wirken dem Auftreten von Läusen und Ameisen entgegen.

Bohnenblattlaus, Schwarze

Beim Befall durch die Schwarze Bohnenblattlaus gießt man die Pflanze mit Rhabarberblättertee oder Jauche richtig nass, bei Bedarf zweimal in der Woche, bis die Bohnen befreit sind. Man kann dem Befall vorbeugen, indem die Bohnen vorgezogen und bereits Ende März ins Freie gebracht werden. Dann sind sie fertig, bevor die Läuse kommen.

Bohnenrost

Bohnenrost, eine Pilzerkrankung, erkennt man an gelben und später schwarzbraunen Flecken auf den Bohnenblättern. Man bekämpft ihn wirkungsvoll durch rechtzeitiges und regelmäßiges Abpflücken der erkrankten Blätter.

Braunfäule

Braunfäule an Tomaten kann vorgebeugt werden durch ein wöchentliches Überbrausen mit Schachtelhalmbrühe. An schon befallenen Pflanzen sollten die kranken Blätter möglichst bald entfernt werden. Selbstverständlich ist, dass Spritzungen einer Pflanzenkrankheit zwar Einhalt gebieten können, die aufgetretenen Schäden aber nicht geheilt werden. Beschädigte Blätter trocknen also auch trotz einer Spritzung ein und sind für die Pflanze wertlos. Man entfernt sie, damit von ihnen aus nicht evtl. Krankheitserreger auf gesunde Triebe übertragen werden.

Brennnesselbrühe

Brennnesselbrühe ist etwas anderes als Brennnesseljauche. Brennnesselbrühe erhält man, wenn man frische Brennnesseln zwei Stunden in kaltem Wasser ziehen lässt (Kaltwasserauszug), während Brennnesseljauche aus in Wasser vergorenen Brennnesseln besteht (Pflanzenjauche, s. S. 45 f.). Scharfe oder beißende Brennnesselbrühe wird unverdünnt gegen Blattläuse gespritzt. Brennnessseljauche wird in einer Verdünnung von 1:10 mit Wasser als Flüssigdünger verwendet. Als allgemeines Schutzmittel wirkt Brennnesseljauche in einer Verdünnung von 1:20 pflanzenstärkend und insektenabwehrend.

Chemische Schädlingsbekämpfungsmittel

Auch wenn man selbst keine Umweltgifte im Garten verwendet, so ist man doch häufig durch den Einsatz von chemischen Schädlingsbekämpfungsmitteln durch die Nachbarn gefährdet. Hier hilft zunächst nur eines: Leisten Sie geduldige Überzeugungsarbeit. Vor Einsatz eines solchen Mittels sollten Sie Ihren Nachbarn höflich, aber bestimmt darauf hinweisen, dass seine drastischen Bekämpfungen nicht Ihren angrenzenden Garten in Mitleidenschaft ziehen dürfen. Er kann z. B. dazu verpflichtet werden, den Nachbargarten abzudecken. Beim geringsten Verdacht auf eine Vergiftung mit chemischen Schädlingsbekämpfungsmitteln sollte sofort der nächste Arzt aufgesucht werden. Nehmen Sie unbedingt die Verpackung des Schädlingsbekämpfungsmittels mit.

Dahlien-Virus

Bei dieser gefürchteten Dahlienkrankheit, gegen die es noch kein Mittel gibt, hält sich der Virus einige Jahre dort, wo er einmal aufgetreten ist. Um eine Übertragung auf neu gepflanzte Dahlien zu verhindern, sollte man also das Pflanzbeet jährlich wechseln.

Disteln

Disteln kann man durchschneiden und in den hohlen Stängel Wasser oder Jauche gießen. Die Pflanze fault bis zur Wurzel und treibt nicht wieder aus.

Drahtkörbe

Drahtkörbe um die Wurzeln junger Bäume schützen vor Wühlmäusen. Sie dürfen nicht aus verzinktem Draht sein, denn der Draht soll rosten, damit er die Wurzeln nicht behindert.

Drahtwürmer

Drahtwürmer fängt man unter halbierten Kartoffeln, die man in Beeten auslegt und dann einsammelt und vernichtet. Auch abends zwischen Gemüsereihen ausgelegte Salatstängel locken die Schädlinge an.

Eichenblätter- und Efeujauche

Eichenblätter- und Efeujauche, im Verhältnis 1:5 mit Wasser gemischt, eignen sich gut als Spritzmittel gegen Blattläuse an Bohnen.

Eidechsen

Eidechsen ernähren sich von Nacktschnecken, Insekten, Raupen und Würmern, sind also besonders wichtige Nützlinge im Garten. Ihre Ansiedlung kann man durch Aufschichten eines größeren Steinhaufens in einer ruhigen Gartenecke unterstützen.

Erdbeerblütenstecher

Der Erdbeerblütenstecher ist ein kleiner Käfer, dessen Befall die Blütenknospen zum Absterben bringt. Man kann ihn durch Mulchen mit Farnkraut abschrecken. Bei geringem Befall bekämpft man den Erdbeerblütenstecher durch regelmäßiges Spritzen der Pflanzen mit Rainfarntee.

Erdbeeren

Erdbeeren werden seltener von Pilzkrankheiten befallen, wenn man zwischen die Pflänzchen Knoblauch setzt. Pilz- und Viruskrankheiten übertragen sich schnell von einer befallenen Erdbeerpflanze auf alle anderen gesunden Nachbarn. Deshalb sollte man kranke Pflanzen sofort ausreißen und vernichten. Sie gehören dann aber auf keinen Fall auf den Komposthaufen.

Erdflöhe

Erdflöhe bekämpft man durch Spritzungen mit Wermutbrühe oder Rainfarnbrühe. Man kann sie aus Blumentöpfen vertreiben, wenn man Streichhölzer mit dem Kopf nach unten in die Erde steckt. Oft hilft auch schon das Schattieren gefährdeter Pflanzen. Bei jungen Kohlpflanzen hilft es, mit Holunderblättern zu mulchen oder sie mit Pfefferminztee zu übergießen. Salat vertreibt die Erdflöhe, Kresse lockt sie weg.

Fäulnis

Fäulnis im Aussaatbeet kann man durch sehr dünne Aussaat verhindern.

Fledermäuse

Fledermäuse sind ausgesprochene Gartennützlinge. Sie gehen nachts auf Beutefang und vertilgen dabei eine große Anzahl von Insekten. Tagsüber und während des gesamten Winters ziehen sie sich an geschützte Orte (Speicher und Höhlen) zurück. Die meisten Fledermausarten sind vom Aussterben bedroht, da sie durch die moderne Bauweise kaum noch Möglichkeiten zur Überwinterung finden.

Florfliegen

Florfliegen sind besonders nützliche Insekten im Garten. Ihre Larven vertilgen bis zu 500 Schädlinge (Schild-, Blut-, Blattläuse und Spinnmilben). Die Florfliegen überwintern hauptsächlich in den Holzritzen von Speichern und Schuppen. Damit sie nach der Überwinterung nicht in den geschlossenen Räumen eingehen, ist es wichtig, ab etwa Mitte März ein Fenster oder eine Luke zu öffnen. Man kann als Winterquartier ein kleines, strohgefülltes, rot gestrichenes Holzkästchen etwa 1,60 m über dem Boden anbringen.

Franzosenkraut

Franzosenkraut, ein berüchtigtes Unkraut, sollte man nie zur Blüte kommen lassen. Seine Bekämpfung kann nur dann erfolgreich sein, wenn man es schon vor dem Ausstreuen der Samen, was bereits während der Blütezeit geschieht, im ganzen Garten auszupft.

Frostspanner

Der Frostspanner, eine kleine Schmetterlingsart, ist ein besonders gefährlicher Obstschädling. Die Bekämpfung erfolgt durch Leimgürtel.

Fruchtabwurf

Ein unerwarteter Abwurf von unreifen Früchten ist oft ein Erkennungszeichen für einen Befall durch Schadinsekten oder Pilzerkrankungen.

Gemüse

Gemüsepflanzen werden seltener von Ameisen und Läusen befallen, wenn man die Beete mit Rosmarin, Lavendel, Thymian oder Ysop bepflanzt.

Gespinstmotten

Gespinstmotten legen ihre Eier an den Blättern von Obstbäumen ab, wo dann im Sommer feine Gespinste entstehen, in denen sich die gefräßigen Raupen entwickeln. Man bekämpft sie durch Herausschneiden und Verbrennen der Gespinste sowie durch eine Spritzung mit Schmierseifenbrühe oder Spiritus.

Gesteinsmehl

Gesteinsmehl, welches man als Puder frühmorgens über die taunassen Blätter der Pflanzen streut, wirkt abwehrend gegen Erdflöhe, Schnecken und viele andere verschiedene Insektenarten.

Giersch

Wenn man alte Lagerkartoffeln auf ein von Giersch durchwachsenes Feld verteilt, vertreiben diese das Unkraut. Auch Kapuzinerkresse kann, wenn sie dicht genug wächst, den Giersch unterdrücken.

Grauschimmel

Grauschimmel an Erdbeeren kann man durch eine Mischpflanzung mit Zwiebeln oder Knoblauch vorbeugen.

Gründüngung

Gründüngung leistet einen wesentlichen, biologischen Beitrag zur Bodenverbesserung und zur Pflanzenernährung. Unter Gründüngung versteht man den Anbau einer Frucht, die nicht geerntet, sondern vor ihrer Reife untergegraben wird. Hierzu eignen sich besonders Schmetterlingsblütler wie Lupinen, Serradella, Erbsen, Pferdebohnen und Wicken. Diese Pflanzen haben an ihren Wurzeln kleine Knöllchen, die von einer Bakterienart gebildet werden. In diesen Knöllchen wird der wichtige Pflanzennährstoff Stickstoff gespeichert. Durch die Gründüngung wird im Boden aber nicht nur Stickstoff frei, sondern die Verwesung der oberirdischen Pflanzenteile sorgt für eine reiche Humusbildung. Für leichte Böden sind Lupinen am besten geeignet.

Gummifluss

Bei Gummifluss an (Steinobst-)Bäumen schneidet man die betroffenen Rindenteile sauber aus und reibt die Wunde mit zerquetschten Sauerampferblättern ein, bis der grüne Saft ins Holz eindringt.

Gute Nachbarn

Zahlreiche Pflanzen begünstigen sich gegenseitig, so z. B. Paprika und Möhren, Puffbohnen bleiben in Mischkultur mit Kartoffeln von der Schwarzen Bohnenblattlaus verschont,

Petersilie wächst zwischen Erdbeeren besonders gut, Rote Bete gedeiht besser neben Lauch oder Kohlrabi, Johannisbeersträucher verhindern eine Blattlausplage bei jungen Apfelbäumen und Beeren bleiben gesund, wenn bei ihnen Maiglöckchen stehen.

Hasen

Hasen treibt in kalten Wintern der Hunger an die Rinde von Obstbäumen. Hier hilft es, die Baumstämme mit Zeitungspapier oder Reisig zu umwickeln und dem hungrigen Hasen z. B. restliche Kohlpflanzen als Futter anzubieten.

Heißes Wasser

Spritzungen mit heißem Wasser (bis 55 °C) vertreiben Schadinsekten, Raupen, Milben u. a. Die Spritzung muss nach acht Tagen wiederholt werden, da sie nicht gegen die Eier hilft.

Himbeerkäfer

Bei zweimal tragenden Himbeeren gibt es in der zweiten Ernte keine Maden; ansonsten soll eine Untersaat aus Vergissmeinnicht helfen.

Igel

Igel lassen sich durch liegen gebliebenes Fallobst anlocken. Sie sind bei der natürlichen Schädlingsbekämpfung besonders nützlich, da sie sich u. a. von Schnecken und Wühlmäusen ernähren. Man kann sie im Garten ansiedeln, indem man in einer ungestörten Ecke einen Laub- und Reisighaufen liegen lässt. Sie brauchen täglich frisches Wasser. Wo sie kein Wasser finden, lassen sie sich auch nicht nieder. Um Igel in den Garten zu locken, sollte man daher in der Nähe des Reisighaufens eine flache Schale mit Wasser aufstellen, das täglich erneuert wird.

Jauche

Für die Jauchebereitung legt man die Pflanze in ein Gefäß, übergießt sie mit (Regen-)Wasser und deckt sie so ab, dass Luft zirkulieren kann, täglich umrühren. Die Jauche ist nach 10–14 Tagen fertig, sie schäumt dann beim Umrühren nicht mehr.

Kaltwasserauszug

Für einen Kaltwasserauszug nimmt man nur frisches Pflanzenmaterial. Man lässt es einen Tag im Wasser stehen, abseihen, fertig. Auszüge müssen sofort verbraucht werden, den Rest kann man zu Jauche vergären lassen.

Kartoffelkäfer

Kartoffelkäfer vertreibt man aus Kartoffelbeeten durch eine Randbepflanzung mit Meerrettich. Nach einem Befall mit Kartoffelkäfern bedeckt man den Boden mit einer 30 cm dicken Mulchschicht aus Stroh oder Heu. Die Kartoffel wächst durch diese Schicht durch, die geschlüpften Käfer können sie nicht überwinden.

Kirschenfliegen

Kirschenfliegen bekämpft man wirkungsvoll durch gelbe Leimtafeln, die man auch als Gelbtafeln im Fachhandel kaufen kann und während der Flugzeit der Insekten zwischen Mai und Juli aufhängt. Die leuchtend gelben Fallen locken sie an und sie bleiben daran kleben. Am besten hilft hier aber das

Abdecken der Bäume mit Netzen. Wenn man das Auftreten und die Weiterentwicklung von Kirschenfliegen eindämmen will, muss man die von den Maden in Beschlag genommenen, heruntergefallenen Kirschen einsammeln und vernichten. Die Maden verpuppen sich nur relativ flach im Boden und werden gerne von Hühnern gefressen.

Kohl

Kohl schützt man wirkungsvoll gegen den Befall durch Kohlweißlinge, indem man Tomaten in die Kohlbeete pflanzt. Die Schädlinge werden durch den Geruch der Pflanzen abgehalten. Ebenso wirksam sind Dill, Salbei oder Beifuß. Kohlpflanzen werden seltener von Erdflöhen oder Kohlfliegen geschädigt, wenn man auf die Beete Wermut oder Pfefferminze pflanzt.

Kohlfliege

Die Kohlfliege lässt sich mit einem wässrigen Auszug aus Salbeiblättern irritieren (eine Handvoll frische Blätter auf 1 l Wasser, 24 Stunden stehen lassen).

Kohlhernie

Dieser Pilz befällt alle Kreuzblütler und überdauert im Beet. So bekommt man ihn heraus: Man sät Gelbsenf in ein von Kohlhernie verseuchtes Beet aus. Nach ca. sieben Wochen keimen die Pilzsporen, dann hackt man den Senf ab, sodass die Sporen keine Wirtspflanzen finden und absterben, sofern das Beet mindestens drei Wochen frei gehalten wird. Bei einer Senfkur im Frühjahr kann das Beet im Sommer wieder genutzt werden. Wenn man Stücke von Rhabarberstangen dicht bei der Kohlpflanze eingräbt, soll dies den Pilz abwehren.

Kohlweißlinge

Kohlweißlinge bekämpft man durch regelmäßiges Abkratzen und Absammeln seiner gelben Eiablagen und Raupen. Weiße

Eierschalen zwischen den Kohlpflanzen irritieren die Weibchen. Heckenschnitt von (giftigen) Ligusterhecken als Mulch zwischen den Kohlgewächsen wehrt Kohlweißlinge ab.

Kraut- und Knollenfäule

Kraut- und Knollenfäule an Tomaten bekämpft man biologisch durch regelmäßige Spritzungen mit Magermilchbrühe oder Zwiebelschalentee. Für die Brühe spritzen Sie Magermilch-Wasser (Verdünnung 1 : 10) einmal in der Woche tropfnass auf die Pflanze.

Kröten

Kröten sind bei der Bekämpfung von Nacktschnecken, Fliegen, Raupen und Asseln besonders nützlich. Man kann ihre Ansiedlung im Garten dadurch begünstigen, dass man in einer ruhigen Gartenecke einen Laub- oder Steinhaufen aufschichtet.

Lagerfäule

Lagerfäule wird durch verschiedene pilzliche Erreger hervorgerufen. Sie sollte nie mit pilztötenden Mitteln behandelt werden. Die beste Vorbeugung ist eine sachgemäße Lagerung.

Löwenzahn

Löwenzahn im Garten bekämpft man durch das restlose Ausgraben seiner gesamten Wurzel. Die Pflanze verbreitet sich nicht, wenn man ihre Blüten regelmäßig abzupft. Die Blüten gehören selbstverständlich nicht auf den Komposthaufen, da sie auch nach dem Abzupfen noch Samen entwickeln.

Magermilchbrühe

Magermilchbrühe (1/4 l Milch auf 2 l Wasser) hilft gegen die Blattfleckenkrankheit an Tomaten, wenn sie ein- bis zweimal pro Woche auf die Pflanzen gespritzt wird.

Maikäfer

Maikäfer, und mit ihnen auch ihre Larven, Engerlinge genannt, sind so selten geworden, dass man sie kaum noch vorfindet. Die wenigen noch vorhandenen Tiere richten ohnehin kaum Schaden an.

Marienkäfer

Marienkäfer sind besonders wichtige Gartennützlinge, deren Larven jeden Tag bis zu 20 Schädlinge (Blattläuse, Blattflöhe, Milben) vertilgen. Sie lassen sich durch einen Reisighaufen im Garten ansiedeln. Als Brutstätte brauchen sie Brennnesseln und andere Wildkräuter, die man daher in einer Gartenecke ruhig wachsen lassen sollte.

Maulwürfe

Maulwürfe ernähren sich von Schädlingslarven und graben den Garten um. Nehmen sie jedoch überhand, so kann man sie mit Flaschen, die man mit dem Hals nach oben in die Erde steckt, vertreiben. Man sagt, dass Maulwürfe sehr geräuschempfindlich sind und der in den Flaschen pfeifende Wind sie aus der unmittelbaren Nähe vertreibt.
Maulwürfe lassen sich auch verjagen, wenn man in ihre Gänge Lappen stopft, die man mit Petroleum oder Terpentin getränkt hat. Weniger radikal ist: Nüsse in Seifenlauge kochen und in die Gänge legen oder Molke und Buttermilch (3:1) vermixen, vier Tage an einem warmen Ort aufbewahren, dann in die Gänge gießen (pro Hügel eine Tasse).

Maulwurfsgrille

Die Maulwurfsgrille ist nicht überall in Massen vorhanden; aber wenn, dann sollte man ein Schutzblech aus aufgeschnittenen Konservendosen um die jungen Pflanzen stellen. Aus Mistbeeten hält man die Grille mit einer Abkochung von Erlenrinde fern, die man ins Beet gießt.

Mäuse

Mäuse mögen keinen Knoblauch. Pflanzt man ihn zusammen mit anderem Gemüse an, machen sie einen großen Bogen um die Beete.

Mehltau

Die wichtigste Vorbeugemaßnahme gegen einen Befall durch Mehltau ist der Kauf von mehltauresistenten Züchtungen, die es mittlerweile für viele Nutz- und Zierpflanzen gibt. Wenn Pflanzen dennoch befallen sind, sollte man erkrankte Triebspitzen abschneiden und die Pflanze danach mit stärkenden Mitteln spritzen (z. B. Schachtelhalm, Algen-Extrakte, Schnittlauch).

Meisen

Kohlmeisen fressen Raupen. Man lockt sie an, wenn man ihnen bereits im Herbst ein Winterquartier, Nisthöhle o. Ä. anbietet.

Milben

Milben vertreibt man durch Besprühen mit Wermuttee. Knoblauchsud hilft gegen Erdbeermilben, ein Heißwasserbad gegen Spinnmilben.

Mischkultur

Tierische und pflanzliche Schädlinge können sich in Mischkulturen nicht so schnell ausbreiten wie in Beeten, in denen nur eine Pflanzenart steht.

Möhrenfliege

Ein Guss mit Zwiebelschalenwasser wehrt Möhrenfliegen ab. Hierzu die Zwiebelschalen mit Wasser übergießen und einen Tag ziehen lassen. Für eine Jauche lässt man die Brühe drei Wochen stehen und rührt gelegentlich um. Beides wird unverdünnt ausgebracht. Sägemehl, in den Boden eingearbeitet, wirkt ebenfalls abschreckend auf die Möhrenfliege. Nicht anfällige Sorten, eine geeignete Standortwahl (nicht windreich) und auch eine Aussaat in Mischkultur helfen gegen den Befall von der Möhrenfliege.

Monilia

Monilia erkennt man an faulenden Früchten und eintrocknenden Triebspitzen im Frühsommer. Die Fruchtmumien bleiben meist auch im Winter am Baum hängen, und in ihnen überwintert der pilzliche Erreger dieser Krankheit. Um die Übertragung und Ausbreitung von Monilia einzudämmen, ist es sehr wichtig, abgefallene und noch am Baum hängende Früchte sorgfältig zu entfernen. Auch die trockenen Triebspitzen müssen abgeschnitten und mit den befallenen Früchten vernichtet werden. Sie gehören nicht auf den Kompost. Ab Juli kann man mit einem Aufguss aus Meerrettichblättern vorbeugend spritzen (frische Blätter mit kochendem Wasser übergießen, 15 Minuten ziehen lassen, 1:4 verdünnen), alle sieben bis zehn Tage wiederholen. Erkranktes Fallobst und infizierte Zweige entfernen.

Mücken

Mücken kann man von Terrasse und Balkon fernhalten, indem man Lappen aufhängt, auf die man einige Tropfen Nelkenöl aus der Apotheke gegeben hat.

Nacktschnecken

Nacktschnecken kriechen nicht auf die Beete, wenn man Brennnesseln in die Reihen legt, die Brennhaare sollten noch intakt sein. Die Brennnesseln sollten aber auf keinen Fall geblüht haben, sonst breiten sie sich selbst auf den Beeten aus.

Nematoden

Nematoden (Fadenwürmer) kann man wirkungsvoll durch eine Gründüngung mit Ringelblumen oder Studentenblumen (auch Tagetes genannt) bekämpfen. Dazu werden die befallenen Beete ganzflächig mit diesen Blumen bepflanzt.

Nützlinge anlocken

Nützlinge lockt man z. B. mit dichten Naturhecken oder Randstreifen mit Wildblumen, besonders geeignet sind Korb- und Doldenblüten, an. Außerdem sind auch Reisig- oder Totholzhaufen, Steine, Ohrwurmtöpfe oder auch Nisthilfen wie angebohrte Hölzer für Wildbienen, Hummeln, Schlupfwespen und Schwebfliegen vorteilhaft.

Nützlinge im Gewächshaus

Schlupfwespen vertreiben die Weiße Fliege und auch Blattläuse. Raubmilben helfen gegen Thripse und Spinnmilben. Florfliegen fressen Blattläuse.

Obstbäume

Obstbaumkrebs behandelt man durch großzügiges Ausschneiden der kranken Stellen und anschließendes Bestreichen mit Baumwachs.

Ohrwürmer

Ohrwürmer sind besonders nützlich bei der Blattlausbekämpfung. Man kann ihr Auftreten im Garten vermehren, indem man in Bäumen und Hecken umgekehrte, mit Holzwolle gefüllte Blumentöpfe aufhängt.

Omorikasterben

Omorikasterben ist eine Folge von Magnesiummangel. Ein guter Nadelgehölzdünger, der neben Magnesium auch ausreichend Kali enthält, kann dem entgegenwirken.

Pfefferminzrost

Wenn sich auf den Blättern von Pfefferminze rostrote Flecken zeigen, so sind die Pflanzen vom Pfefferminzrost befallen. Die Ursache ist meist, dass sie zu dicht stehen. Einzige biologische Abhilfe: Abschneiden aller Pflanzen bis kurz über den Boden. Sie treiben wieder neu aus und sind dann meistens gesund.

Pflanzenbrühe

Für eine Brühe lässt man die Pflanze 24 Stunden in einem Topf ziehen, erhitzt den Sud danach zugedeckt und kocht ihn 20 Minuten auf kleiner Flamme. Dann lässt man ihn abkühlen und seiht ihn ab. Die Brühe hält etwa eine Woche.

Porreefliege

Fliegen legen ihre Eier oben an die Blattspitzen ab, die Larven fressen sich abwärts. Wenn man das sieht, kann man die Larven zerquetschen oder abschneiden, bevor sie in den Stängel kommen.

Puffbohnen

Die Schwarze Wickenblattlaus tritt bei Puffbohnen kaum auf, wenn man sie in Mischkultur mit Zwiebeln anpflanzt. Außerdem sollte man einen Reihenabstand von 40–50 cm einhalten.

Quecken

Quecken sind als Unkraut besonders hartnäckig und sehr schwer zu bekämpfen. Selbst kleinste Wurzelreste, die beim Ausreißen oder bei der Bodenbearbeitung in der Erde verbleiben, sorgen für die weitere Verbreitung der Quecke. Statt sie auszureißen, sollte man sie vorsichtig aus dem gründlich gelockerten Boden herausziehen.

Topinambur verdrängt die Quecke und ist essbar. Auch Kapuzinerkresse kann, wenn sie dicht genug wächst, die Quecken unterdrücken.

Rainfarn

Rainfarntee wirkt als Spritzmittel in einer Verdünnung von 1:2 mit Wasser gegen verschiedene Milbenarten und ist zudem ein bewährtes Mittel gegen Pflanzenrost und Mehltau. Für Rainfarntee übergießt man etwa 200–300 g frische Pflanzenteile mit 10 l Wasser und lässt das Ganze zugedeckt ca. eine Viertelstunde lang ziehen.

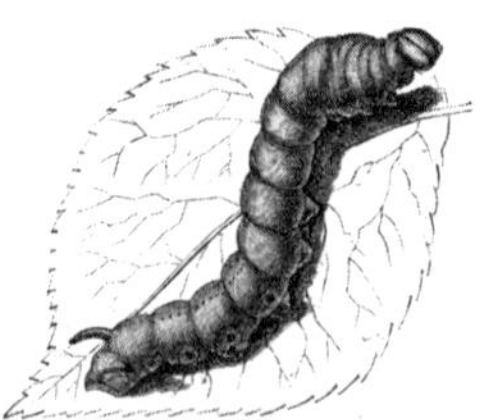

Raupen

Raupen lassen sich durch Bestreuen der Pflanze mit Tabak- oder Holzasche vertreiben. Die Asche haftet am besten, wenn die Pflanzen feucht sind. Raupennester sollte man mit Seifenwasser bepinseln.

Regenwürmer

Regenwürmer in Blumentöpfen kann man vertreiben, indem man den Topf in warmes Wasser (ca. 35 °C) stellt. Die Würmer kriechen dann aus der Erde und müssen nur noch abgesammelt werden. Regenwürmer verjagt man aus Blumentöpfen auch mit einem Walnusssud. Dazu nimmt man Walnussblätter oder die grünen Schalen von Walnüssen. Sie werden einfach mit Wasser abgekocht, das nach dem Erkalten als Gießwasser benutzt wird. Die Regenwürmer kommen bald an die Oberfläche und können leicht mit einer Schaufel o. Ä. entfernt werden.

Rhabarberblättertee

Rhabarberblättertee hat sich bei der Bekämpfung von Schwarzen Läusen an Bohnen besonders gut bewährt. Man bereitet den Tee mit etwa 1 kg frischen Rhabarberblättern, die man mit 5 l kochendem Wasser übergießt und etwa eine Viertelstunde zugedeckt ziehen lässt. Wenn er abgekühlt ist, sprüht man ihn unverdünnt über die Pflanzen.

Saatgut beizen

Die Samenbeize mit Kräuterauszügen beugt der Umfallkrankheit vor.

Säulenrost

Säulenrost bei Johannisbeeren kann man durch das Hinzupflanzen von Wermutbüschen vorbeugen.

Schachtelhalmbrühe

Schachtelhalmbrühe stärkt als Spritzmittel in einer Verdünnung von 1:5 mit Wasser die Abwehrkräfte vieler Pflanzen gegen den Befall durch Pilzerkrankungen.

Schadinsekten

Schadinsekten meiden Kohl, wenn man ihn in Nachbarschaft zu Pfefferminze pflanzt. Sie lassen sich auch vertreiben, indem man die Pflanzen mit dem Kochwasser von Kartoffeln besprengt.

Schädlingsvorbeugung

Schädlinge breiten sich im Garten weniger schnell aus, wenn die Pflanzen nicht zu dicht stehen. Befallene Pflanzen, oder auch nur deren Teile, gehören nicht auf den Kompost und dürfen auch nicht zum Mulchen verwendet werden. Um eine Ansteckung anderer Pflanzen zu vermeiden, sollte man sie verbrennen oder in die Mülltonne werfen. Oft werden Schädlinge schon beim Kauf von Nutz- und Zierpflanzen mit erworben und dann in den Garten eingeschleppt, wo sie sich gut ausbreiten können. Sie sollten daher die Pflanzen beim Erwerben sorgfältig auf Schädlingsbefall hin absuchen.

Schlupfwespen

Schlupfwespen sorgen für die natürliche Verminderung von vielen Schädlingen. Eine einzige Schlupfwespe kann bis zu 1.000 Läuse töten, indem sie ihre Eier mit einem langen Stachel in sie hineinlegt. Die aus den Eiern ausschlüpfenden Larven fressen später die Läuse von innen her auf.

Schmetterlinge

Schmetterlinge sind eigentlich, da sie sich über gefräßige Larven entwickeln, Gartenschädlinge. Zur Gruppe der kleinen Schmetterlinge gehören auch die Motten, die Apfelwickler und der Kleine Frostspanner. Die meisten Arten der großen, bunten Schmetterlinge sind so selten geworden, dass man sie nicht bekämpfen sollte. Einige Arten, z. B. der Schwalbenschwanz und der Totenkopf, sind geschützt. Bekämpft werden sollten auf jeden Fall der Kohlweißling und die Meldeneule (Ampfereule, s. S. 171).

Schnecken

Schnecken können in Gemüsebeeten und auch im Ziergarten große Schäden anrichten. Am umweltfreundlichsten fängt man sie mit leeren Joghurtbechern, die man an gefährdeten Plätzen ganz in die Erde eingräbt und mit Bier auffüllt. Da viele Schneckenarten nachtaktiv sind, kann man sie am frühen Morgen an den „Bierständen" einsammeln. Schnecken lassen sich außerdem durch Petersilie oder Salbei von Gemüsebeeten fernhalten. Sie meiden auch Gemüsebeete, auf denen Tannennadeln, Holzasche, Steinmehl oder Gerstenspreu ausgestreut wurde. Man kann sie auch abwehren, indem man gefährdete Pflanzen mit einer Mulchdecke aus Farnkraut (Wurm- oder Adlerfarn) umgibt.

Schnecken lassen sich auch sehr gut durch sogenannte Schneckenzäune, die man im Fachhandel bekommt, von Raubzügen durch die Gemüsebeete abhalten. Sie können diese aber auch selbst bauen. Üblicherweise bestehen Schneckenzäune aus Metall oder Kunststoff, Holz ist nicht so gut geeignet. Der Zaun sollte rund 10–15 cm ins Erdreich eingegraben werden und über dem Boden eine Höhe von 10 cm haben. Solche Zäune haben eine nach außen abgewinkelte Kante, die verhindert, dass die Schnecken darüberkommen. Schnecken kann man „umleiten", indem man Salat, Roggenkleie oder Rhabarberblätter als „Fangpflanze" auf Beete pflanzt.

Schorfkrankheit an Obstbäumen

Die gefährliche Schorfkrankheit äußert sich in dunklen Flecken auf Früchten und Laub. Ihre verstärkte Ausbreitung kann man durch das Entfernen von abgefallenen Früchten und vom Herbstlaub unter dem Baum sowie durch Freihalten der Baumscheibe verhindern.

Schwalben

Schwalben sind besonders fleißige Insektenvertilger. Um ihre Ansiedlung zu unterstützen, kann man sogenannte Kunstnester anbringen.

Schwebealgen

Schwebealgen im Gartenteich bekämpft man durch das Einsetzen von Wasserflöhen. Sie treten insbesondere dann auf, wenn der Teich überdüngt ist.

Seife

Grüne Seife hilft gegen Schädlinge an Zimmerpflanzen. Man setzt etwa 20–30 g Seife auf 2–3 l Wasser an und besprüht die Pflanzen damit. Kleinere Pflanzen kann man auch ganz in diese Seifenlösung eintauchen.

Sellerieschorf

Sellerieschorf ist eine Pilzkrankheit, die sich mindestens vier Jahre lang auf den befallenen Beeten hält. Sie sollten daher so lange nicht mehr mit Sellerie bepflanzt werden.

Spinnen

Spinnen gehören zu den Nützlingen. Sie ernähren sich erwiesenermaßen gern von pflanzenschädigenden Insekten. Spinnennetze sollte man daher im Freiland nicht zerstören.

Spitzmäuse

Spitzmäuse sind im Garten sehr nützlich. Man sollte sie nicht bekämpfen, da sie sich von Raupen, Schnecken, Würmern und Schadinsekten ernähren.

Stachelbeermehltau

Stachelbeermehltau kann sich kaum ausbreiten, wenn man im Herbst die Triebspitzen der Sträucher entfernt und vernichtet. Sie gehören auf keinen Fall auf den Kompost.

Stachelbeerspanner

Stachelbeerspanner bekämpft man durch tägliches Abschütteln und Absammeln, bis sich keine der schwarz-weiß gefleckten Raupen mehr zeigen. Der Europäische Stachelbeerspanner ist nicht so schädlich wie der Amerikanische (s. S. 171).

Taubnessel

Die Taubnessel muss mit ihrem gesamten Wurzelgeflecht entfernt werden. Sonst breitet sie sich immer weiter aus.

Tomatenblätterauszug

Ein Tomatenblätterauszug wirkt wegen seines Geruchs abschreckend auf Schmetterlinge und Raupen des Kohlweißlings. Man lässt die Blätter und zerdrückten Stängel einige Stunden in Wasser ziehen und gießt damit die Kohlpflanzen während der Flugzeit der Kohlweißlinge (März bis September) alle zwei Tage.

Unkrautbekämpfung

Bei langsam keimenden Pflanzenarten (z. B. Karotten) kann man die Saatreihen durch Beigabe von Radieschensamen markieren. So verhindert man ein versehentliches Auszupfen der gesäten Pflanzen bei der Unkrautbekämpfung. Möchte man sich nicht die Mühe machen, Unkraut und Moos zwischen Pflastersteinen und Platten auszuzupfen, so übergießt man es mit kochendem Salzwasser. Diese Methode eignet sich natürlich nicht im Garten, da sonst bei mehrmaliger Anwendung die Gartenerde versalzen würde. Unkraut in den Ritzen von Terrassen geht ein, wenn man es mit kochend heißem Wasser übergießt.

Vögel

Die für die natürliche Schädlingsbekämpfung besonders nützlichen Vogelarten (z.B. Rotkehlchen, Rotschwänzchen, Specht, Grasmücke, Meise) kann man im Garten ansiedeln, wenn man fruchttragende Hecken pflanzt. Besonders gut eignen sich Weißdorn, Schneeball, Holunder, Schlehen und Wildrosen. Hierdurch leistet man gleichzeitig einen wichtigen Beitrag zum Vogelschutz. Vögel hält man von Saatgut fern, wenn man beim Säen etwas Wermutpulver mitstreut. Vögel, die an junge Knospen picken, haben oft Durst. Bieten Sie eine Tränke an.

Wasserläufer

Wasserläufer, die man leicht von nahe gelegenen Tümpeln einsammeln kann, ernähren sich von Mückenlarven und -eiern. Wenn Sie also verhindern wollen, dass in Ihrem Gartenteich Tausende von kleinen Mücken schlüpfen, setzen Sie einfach einige Wasserläufer darin aus.

Weiße Fliegen

Weiße Fliegen bekämpft man durch Spritzungen mit scharfer Brennnesselbrühe in wöchentlichen Abständen mehrmals hintereinander. Befallene Zimmerpflanzen kann man einige Wochen unter 16 °C stellen, das vertreibt die kälteempfindlichen Fliegen.

Wermuttee und -jauche

Ein kräftiger Sud aus Wermuttee (100 g frische Pflanzenteile auf 1 l kochendes Wasser) hilft als Spritzmittel gegen Maden,

Raupen und Schnecken auf den Pflanzen. Wermuttee und -jauche werden zum Vertreiben verschiedenster Läusearten und Raupen unverdünnt oder in geringen Verdünnungen mit Wasser auf die Pflanzen gesprüht. Wermuttee wirkt besonders gegen Blattläuse, Apfelwickler und Brombeermilben.

Wild

Gärten in Waldnähe werden oft von Wild heimgesucht. Hier hilft es, die zu schützenden Pflanzen mit Knochenmehl einzustäuben.

Wühlmäuse

Wühlmausgänge erkennt man daran, dass ihr Querschnitt eiförmig ist, während Maulwurfsgänge meist rund sind. Außerdem sind Wühlmausgänge innen glatt, Maulwurfsgänge weisen dagegen an den Wänden meistens kurze Wurzelreste auf. Während Wühlmaushügel flach geformt sind, haben Maulwurfshügel eine rundlich überhöhte Form. Anhand dieser Merkmale kann man leicht unterscheiden, ob es sich bei dem grabenden Eindringling im Garten um einen schützenswerten Maulwurf handelt, den man lediglich vertreiben sollte, oder um eine Wühlmaus, die in der Tat sehr großen Schaden anrichten kann. Wühlmäuse kann man verjagen, indem man (Menschen-)Haare in die Wühlmauslöcher stopft oder Holunderzweige, zerriebene Holunderblätter oder gar Holunderjauche. Knoblauch, um die Bäume gepflanzt, ein kurz gehaltener Rasen und Katzen unterstützen die Abwehr von Wühlmäusen. Dem Saatgut kann man stachelige Tannennadeln untermischen. Man kann die Tiere auch durch die Pflanzung von Kaiserkronen vertreiben. Der strenge Geruch, der von den Kaiserkronen ausgeht, hält die Nager aus der unmittelbaren Umgebung fern.

Wunden an Obst- und Zierbäumen

Wunden an Obst- und Zierbäumen entstehen durch Schneebruch, unsachgemäße Ernte, Frost und Wildverbiss. Sie sehen hässlich aus und bieten Angriffspunkte für verschiedenste Baumkrankheiten, insbesondere den gefürchteten Dreipunktebaumkrebs. Aus diesem Grund sollten Wunden sofort nach ihrer Entstehung behandelt werden: Abgebrochene Äste werden unmittelbar am Stamm glatt abgeschnitten, sodass kein Stumpf stehen bleibt. Verletzungen am Stamm oder an dickeren Ästen werden bis ins gesunde Holz hinein ausgeschnitten und genau wie alle anderen Schnittstellen mit Baumwachs bestrichen.

Würmer

Würmer kann man aus Blumentöpfen vertreiben, indem man diese mehrmals mit kräftigem Salbeitee gießt.

Wurzelälchen

Wurzelälchen, kleine, auch Nematoden genannte Fadenwürmer, die Beete befallen haben, vernichtet man erfolgreich durch eine einjährige Bodenkur mit Studentenblumen (Tagetes), die man ganzflächig auf die Beete pflanzt. Wurzelälchen an Rosen kann man entgegenwirken, indem man die Beete mit Ringelblumen umpflanzt.

Wurzelausschläge

Wurzelausschläge an Obstbäumen, insbesondere an Zwetschen- und Pflaumenbäumen, sollten entfernt werden, da sie dem Boden viele Nährstoffe entziehen.

Wurzelunkräuter

Wurzelunkräuter wie Quecke, Ackerwinde oder Schachtelhalm vermehren sich durch unterirdische Ausläufer. Sie sind besonders schwer zu bekämpfen. Beim Umgraben des Gartens im Herbst und im Frühjahr sollten sämtliche Wurzelteile restlos entfernt und vernichtet werden. Das ständige Ausreißen schwächt die Wurzel auf Dauer. Wurzelunkräuter gehören in keinem Fall auf den Kompost.

Zwiebelfliege

Welken Zwiebel-, Schnittlauch-, Porree- oder Knoblauchpflanzen, dann kann die Zwiebelfliege der Übeltäter sein. Ein weiteres Merkmal des Befalls ist, dass sich die Pflanzen sehr leicht herausziehen lassen. Dem Auftreten des Schädlings kann man durch Mischkultur mit Möhren vorbeugend entgegenwirken. Die Zwiebelfliege lässt sich mit Holzkohlepulver abwehren; hierfür die Pflanzen von Juni bis Juli mehrmals bestäuben.

Zwiebelschalenauszug

Ein Zwiebelschalenauszug ist ein bewährtes Mittel gegen Milbenbefall und Pilzerkrankungen. So bereitet man den Kaltwasserauszug zu: Etwa 50 g Zwiebelschalen lässt man in 1 l Wasser eine Woche lang ziehen. Der Auszug wird dann unverdünnt auf die Pflanzen gesprüht.

Zwiebel- und Knoblauchjauche

Zwiebel- und Knoblauchjauche (auf 10 l Wasser ca. 500 g fein geschnittene Zwiebeln oder Knoblauch) wirken allgemein pflanzenstärkend gegen Pilzerkrankungen. Die Jauche wird auf die Beete und die Baumscheiben gegossen.

Praktischer Gartenkalender

Januar

Pflegearbeiten

- Kontrolle der eingelagerten Blumenzwiebeln, faule und schimmelige Stücke entfernen.
- Gelb gewordenes Laub von Balkon- und Kübelpflanzen entfernen.
- Bei Zimmerpflanzen in stärker geheizten Räumen für ausreichend Luftfeuchtigkeit sorgen.
- An sonnigen, frostfreien Tagen immergrüne Pflanzen bei Bedarf wässern.
- Winterschutz bei frostempfindlichen Arten überprüfen.
- Winterschnitt an Obst- und Ziergehölzen, aber nie bei starkem Frost.
- Schutzanstrich bei Obstbäumen. (Gefahr von Frostschäden im Frühjahr besonders groß.)
- Komposthaufen umsetzen.

Aussaat und Pflanzung

- Vorbereitung der Frühjahrssaaten für den Februar.
- Bei vorjährigen Samen Keimproben machen. Dazu auf Löschpapier legen und warm und feucht halten.
- Hülsenfrüchte in Sand legen.
- Neue Samenvorräte anschaffen.

Februar

Pflegearbeiten

- Balkon- und Kübelpflanzen sorgfältig entsprechend ihrer verschiedenen Bedürfnisse pflegen. Geranien dürfen nicht zu feucht stehen, sie schimmeln besonders leicht.
- Überwinterte Knollen und Zwiebeln säubern und Begonien und Gloxinien in Kisten vortreiben lassen.
- Winterschutz bei Rosen und mehreren Pflanzen kontrollieren. Die Abfolge von sonnigen Tagen und eiskalten Nächten ist die gefährlichste Zeit für empfindliche Pflanzen.
- Immergrüne Pflanzen an frostfreien Tagen wässern.

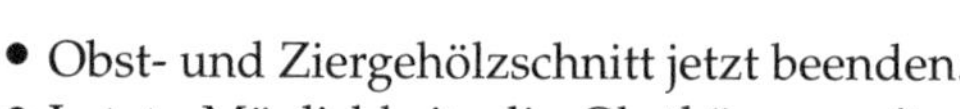

- Obst- und Ziergehölzschnitt jetzt beenden.
- Letzte Möglichkeit, die Obstbäume mit einem Schutzanstrich zu versehen, da die Gefahr von Frostschäden im Frühjahr besonders groß ist.
- Die Komposterde sieben. Einen Erdvorrat für Frühsaaten unter Glas und das Umtopfen von Zimmerpflanzen frostfrei lagern.

AUSSAAT UND PFLANZUNG

- Frühbeete vorbereiten und Fenster auflegen.
- Erste Aussaaten im Frühbeet (wenn Erde unter Glas aufgetaut ist), im Gewächshaus oder Zimmer: Lauch, Sellerie; gegen Ende des Monats: Frühkohl, Blumenkohl, Salat, Tomaten, Sommerblumen, z. B. Löwenmäulchen, Lobelien, Salvien, Verbenen. Frühbeet lüften und schattieren an warmen, sonnigen Tagen.
- Frühkartoffeln in Kisten vorkeimen lassen.
- An frostfreien Tagen ist Rosenpflanzung möglich.

März

PFLEGEARBEITEN

- Begonien und Gloxinien eintopfen und antreiben lassen. Balkonpflanzen, nach Bedarf auch Zimmer- und Kübelpflanzen umtopfen; mehr gießen und beginnen, regelmäßig zu düngen.
- Frühbeet und Gewächshaus lüften und schattieren. Frühsaaten gießen und sorgfältig pflegen.
- Beete mit Grubber und Eisenrechen vorbereiten. Nicht umgraben, das würde die Bodengare stören! Keine nassen Bö-

den bearbeiten. Evtl. Grabegabel und Sauzahn verwenden, wenn im Herbst nicht ausreichend umgegraben wurde.

- Ende des Monats Winterschutz bei Stauden und Rosen entfernen. Rosen abhäufeln und schneiden.
- Erdbeer-, Stauden- und Rosenbeete vorsichtig lockern. Vertrocknete Pflanzenteile abschneiden, Stauden teilen. Rosen und Erdbeeren düngen.
- Pflanzschutzmaßnahmen bei Obstgehölzen vor dem Anschwellen der Knospen beenden sowie die Veredelung von Steinobst vor Ende des Monats.
- Rasenpflege beginnen: Ausharken mit dem Vertikutierrechen, um Moos zu entfernen und den Boden zu lockern.

Aussaat und Pflanzung

- Frühsaaten pikieren, in wärmeren Lagen bei entsprechender Witterung Frühgemüse und Kohlrabi ins Freiland auspflanzen. Mit Folientunnel vor Frost schützen.
- In milden Gegenden sind erste Freilandaussaaten möglich: Möhren, Spinat, Radieschen, Schwarzwurzeln, Puffbohnen, Schnittsalat, Zwiebeln, Petersilie; Ende des Monats: Maierbsen, Mairüben, Mangold, Pflücksalat, Dill, Kresse, Sommerrettich. Nur in trockenen, erwärmten Boden säen.
- Steckzwiebeln und Frühkartoffeln pflanzen.
- Gehölze und Stauden pflanzen.

April

Pflegearbeiten

- Frühbeet und Gewächshaus gießen, lüften und schattieren.
- Letzten Winterschutz entfernen.
- Staudenbeete und Steingarten hacken, jäten und düngen; bei Bedarf Gemüsebeete gießen und hacken.
- Abgeblühte Zwiebelblüten entfernen, Laub absterben lassen, nicht entfernen.
- Erdbeerbeete mit Stroh, Laub etc. mulchen.

- Obstbäume düngen und in Trockenzeiten wässern. Kernobstveredelung beenden.
- Spargeldämme aufwerfen.
- Balkonpflanzen leicht stutzen und düngen.

AUSSAAT UND PFLANZUNG

- Freilandaussaat der meisten Sommerblumen und aller Gemüsesorten (Ausnahme: Bohnen, Gurken, Kürbis, Melonen).
- Folgesaaten von Salat und Radieschen.
- Kohl und Salat aus dem Frühbeet auspflanzen. Deckmaterial für eventuelle Nachtfröste bereithalten.
- Ab Mitte April Aussaat von Gurken und Kürbis ins Frühbeet.
- Ab Mitte April Spargelpflanzung.
- Neuaussaat von Rasen an warmen Tagen.

Mai

PFLEGEARBEITEN

- Die Beete gießen, düngen und jäten, nach Regen hacken.
- Bis Mitte Mai frisch ausgepflanzte Setzlinge vor Nachtfrösten schützen (Gartenfolie, Folientunnel, Blumentöpfe).
- Frühbeet gießen, lüften und schattieren.
- Verblühte Staudenblüten abschneiden, dann blühen die Stauden ein zweites Mal. Gelbes Laub der Frühjahrszwiebeln entfernen.
- Rasen mähen.

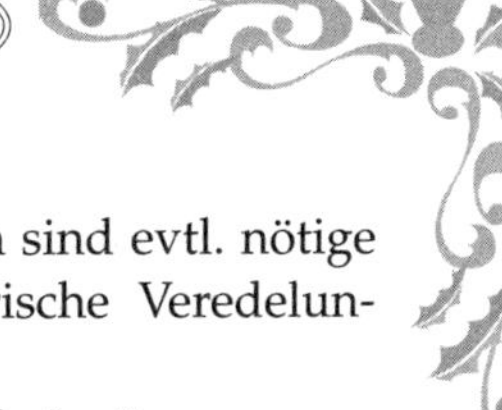

- Nach dem Abfallen der Obstbaumblüten sind evtl. nötige Pflanzenschutzmaßnahmen möglich. Frische Veredelungen kontrollieren.
- Kübelpflanzen nach den Eisheiligen ins Freie räumen.

AUSSAAT UND PFLANZUNG

- Ausdünnen und Vereinzeln früherer Aussaaten.
- Ab 5. Mai ist Gurkenaussaat, ab 9. Mai Bohnenaussaat.
- Folgesaaten von Salat, Kohlrabi, Spinat, Möhren, jetzt Sommersorten verwenden. Aussaat von Kürbis und Markerbsen.
- Nach den Eisheiligen Auspflanzung von Tomaten, Auberginen, Paprika und Sellerie.
- Verpflanzung von Sommerblumen vom Saatbeet an die dafür vorgesehenen Stellen.
- Dahlien und Gladiolen pflanzen. Balkonkästen nach den Eisheiligen bepflanzen.

- Bis Anfang Mai können noch unballierte Gehölze gepflanzt werden.

ERNTE

- Beginn des Spargelstechens, Ernte von Frühgemüse.

Juni

PFLEGEARBEITEN

- Beete und Gehölze wässern. Beete regelmäßig hacken und jäten. Besonders bei Rosen und Erdbeeren auf Schädlingsbefall achten.

- Raupenleimringe an Obstbäumen erneuern, Fallobst einsammeln und beseitigen.
- Verblühte Blüten (besonders bei Rosen) abschneiden, hohe, windempfindliche Stauden aufbinden.
- Rhabarberblüten ausschneiden.
- Tomatenpflanzen ausgeizen.
- Lauch anhäufeln. Ende Juni Sommerendivien zum Bleichen aufbinden.
- Frühjahrsblumenzwiebeln aus dem Boden nehmen, putzen, kühl und trocken lagern.

Aussaat und Pflanzung
- Anfang Juni Spätgemüse pflanzen: Wirsing, Weißkohl, Rotkohl, Blumenkohl, Rosenkohl (bis 10. Juni).
- Auf geleerte Beete Salat, Spinat, Kohlrabi, Radieschen, Grünkohl, Buschbohnen säen. Ab Ende Juni Winterrettich, Knollenfenchel, Chicorée, Winterendivien und Brokkoli.
- Staudenaussaat ist noch möglich, Maisaaten vereinzeln.
- Ab Anfang Juni Pflanzung von Sumpf- und Wasserpflanzen.

Ernte
- Am 24. Juni beenden der Spargelernte. Dämme einebnen, Pflanzen düngen.
- Erdbeerernte (Mulchdecke gegen Schimmel und Fäulnis!). Reichtragende Pflanzen zur Vermehrung kennzeichnen, Ausläufer der restlichen Pflanzen entfernen.
- Frühkartoffeln ernten.

Juli

Pflegearbeiten
- Reichliches Wässern, Jäten und Hacken aller Beete.
- Stark zehrende Gemüsearten düngen, ebenso Blumen und Knollen (alle zwei Wochen). Dahlien und Gladiolen ab Ende Juli nicht mehr düngen, damit die Knollen bis zum Herbst gut ausreifen.

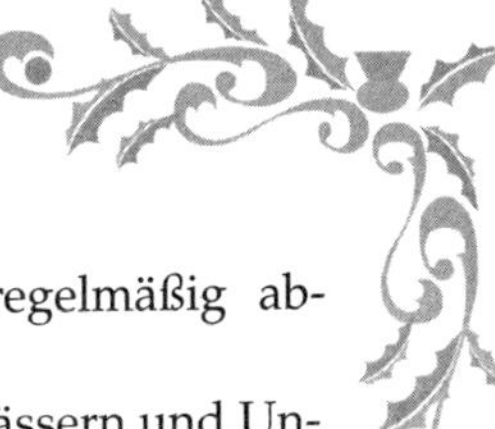

- Abgeblühte Stauden- und Rosenblüten regelmäßig abschneiden.
- Komposthaufen pflegen: Bei Trockenheit wässern und Unkraut jäten (besonders günstig nach Regen).
- Tomaten regelmäßig ausgeizen.
- Blumenkohl einbinden, sobald die weiße Blütenscheibe sichtbar wird. Stark tragende Obstbaumäste stützen. Fallobst einsammeln und vernichten. Ab Mitte Juli Schnittpflege von Süßkirschen möglich.
- Rosen und Flieder veredeln.

AUSSAAT UND PFLANZUNG

- Winterendivien und Teltower Rübchen aussäen. Bis 10. Juli ist noch die Aussaat von Buschbohnen möglich sowie die Nachsaat von Salat, Kohlrabi und Radieschen.
- Vereinzeln und Auspflanzen ausgesäter Stauden. Vereinzeln zweijähriger Sommerblumen wie Stiefmütterchen, Marienglockenblume und Bartnelken auf leere Gemüsebeete.
- Nachsaat von Heil- und Gewürzkräutern.

ERNTE

- Stachelbeeren können auch in unreifem Zustand eingemacht werden. Johannisbeeren müssen voll ausgereift sein. Abgeerntete Himbeerruten entfernen.
- Gemüsevorräte einfrieren. Abgeerntete Beete wieder neu bepflanzen.
- Heil- und Gewürzkräuter ernten und trocknen.

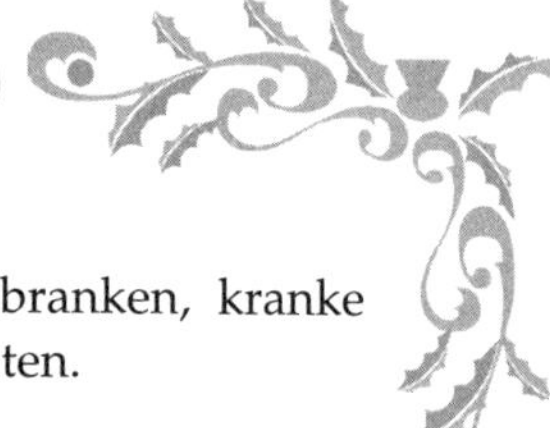

- Abgeerntete Erdbeerpflanzen pflegen, abranken, kranke Blätter ausschneiden. Beete hacken und jäten.

August

PFLEGEARBEITEN

- Blumen- und Gemüsebeete, Obst- und Ziergehölze regelmäßig wässern.
- Gemüsebeete nicht mehr düngen. Späte Wurzelgemüse wie Sellerie und Rote Rüben Ende August das letzte Mal düngen.
- Tomaten entspitzen und regelmäßig ausgeizen.
- Hecken schneiden (Hainbuche, Liguster, Thuja u. a.). Schnitt der Beerensträucher ist möglich.
- Raupenleimgürtel an Obstbaumstämmen erneuern.
- Balkon- und Kübelpflanzen regelmäßig gießen. Geranienstecklinge schneiden und einsetzen.

AUSSAAT UND PFLANZUNG

- Aussaat von Radieschen, Wintersalat, Adventswirsing, Schwarzwurzeln, Frühlingszwiebeln, Winterspinat, Winterkarotten (möglichst bis 20. August).
- Auspflanzen von Winterendivien, zweijährige Sommerblumen auf freie Stellen im Blumenbeet pflanzen (Goldlack, Bartnelken u. a.).
- Erdbeerpflanzung.
- Ende August auf Beete, die nicht mehr bepflanzt werden, Gründünger säen.

ERNTE

- Ernte von Bohnen, Erbsen, Gurken.
- Sommerblumen und Kräuter schneiden und trocknen.
- Wenn das Laub gelb geworden ist, Zwiebeln aus der Erde nehmen und zum Trocknen aufhängen.
- Frühe Kernobstsorten ernten. Bald verbrauchen, da schlechte Lagerfähigkeit.

September

PFLEGEARBEITEN

- An trockenen Tagen wässern (besonders Wurzelgemüse).
- Tomaten, Auberginen und Paprika im Fall von frühen Frösten mit Folien schützen.
- Abgeblühte oder von Schädlingen oder Krankheiten befallene Sommerblumen entfernen. Abgeblühte Stauden zurückschneiden. Blütenstauden und Rhabarber teilen.
- Auf den Beeten Ernterückstände und Unkraut sorgfältig entfernen. Kranke und befallene Pflanzenteile nicht auf den Kompost, sondern in die Mülltonne werfen.
- Kompost jetzt besonders gut pflegen: wässern bei Trockenheit, Unkräuter einarbeiten und evtl. Kompostiermittel zugeben.
- Zu lange Triebspitzen bei Sauerkirschen schneiden.

AUSSAAT UND PFLANZUNG

- Spinat, Feldsalat, Wintersalat und Schwarzwurzeln können in diesem Monat immer noch gesät werden.
- Beginn der Pflanzzeit für Sträucher und immergrüne Pflanzen.
- Herbstblüher, wie Chrysanthemen, auf abgeblühte Sommerblumenbeete pflanzen.

ERNTE

- Weißkohl für die Sauerkrautherstellung ernten.
- Chicorée ernten und in den Keller bringen.
- Wurzelgemüse so lange wie möglich im Boden lassen.
- Zwiebelernte jetzt beenden. Ab Anfang September Zwiebeln mit der Grabegabel etwas anheben, um die Reife zu beschleunigen.

- Pflaumen und späte Pfirsichsorten ernten sowie mittelfrühe Kernobstsorten.
- Walnüsse auflesen.
- Lagerräume und Gestelle für Kernobst reinigen.

Oktober

PFLEGEARBEITEN

- Kübel- und Balkonpflanzen vor den ersten Nachtfrösten ins Haus bringen. Frostgefährdete Zwiebeln und Knollen (z. B. Begonien, Dahlien und Gladiolen) ausgraben, abtrocknen lassen und im Keller lagern.
- Immergrüne Gehölze an trockenen Tagen gut wässern.
- Abgeerntete Beete grobschollig umgraben. Beete, auf denen im kommenden Jahr zehrende Gemüsesorten gepflanzt werden, sind mit Vorratsdünger zu versorgen.
- Rosen anhäufeln und abdecken, Rosenhochstämme einpacken.
- Obstbäume düngen, noch am Baum hängende Früchte („Fruchtmumien") entfernen und verbrennen oder in die Mülltonne geben. In ihnen überwintern Moniliaerreger.
- Frische Leimringe an Obstbäumen anlegen.

AUSSAAT UND PFLANZUNG

- Ab Mitte Oktober ist Pflanzzeit für sommergrüne Laubgehölze.
- Staudenpflanzung bis Ende Oktober abschließen.
- Augustsaaten auspflanzen.
- Blumenzwiebeln fürs nächste Frühjahr pflanzen.
- Ein paar Schnittlauch- und Petersilienpflanzen für den Winterbedarf jetzt eintopfen.

ERNTE

- Wintergemüse ernten und einschlagen. Wurzelgemüse erst Ende des Monats ernten. Lauch, Rosenkohl, Schwarzwurzeln und Grünkohl bleiben auf den Beeten.

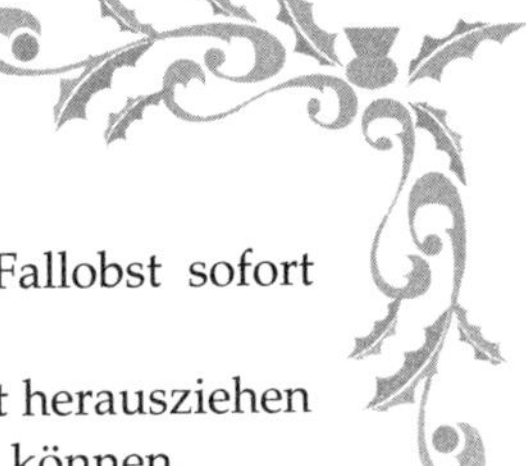

- Winteräpfel, Birnen und Quitten ernten. Fallobst sofort verbrauchen.
- Tomatenpflanzen vor dem ersten Nachtfrost herausziehen und aufhängen, damit die Früchte ausreifen können.
- Kürbisse, Zierkürbisse und Kalebassen ernten.

November

PFLEGEARBEITEN

- Erntereste entfernen, gesunde Pflanzenteile kompostieren. Bohnenstangen und Tomatenstützen herausziehen und säubern.
- Beete umgraben und düngen. Mist einarbeiten.
- Abgeblühte Stauden zurückschneiden (Herbstblüher stehen lassen).
- Schöpf- und Planschbecken sowie Leitungen leeren.
- Frostempfindliche Sumpf- und Wasserpflanzen umsetzen oder schützen.
- Obst- und Ziergehölze vor Wildverbiss schützen. Zäune überprüfen, Leimringe kontrollieren.
- Zwiebeln und Knollen putzen und sorgfältig lagern. Schimmelige und faulige Knollen aussortieren.
- Lagergemüse kontrollieren.
- Für Beete mit Wintergemüse, das im Freien stehen bleibt (Feldsalat, Spinat, Lauch, Grünkohl), Folientunnel oder Bretterverschlag als Schneeschutz vorbereiten.

AUSSAAT UND PFLANZUNG

- Auspflanzen von Blumenzwiebeln beenden.
- Gehölzpflanzung ist weiter möglich. Mit Pfählen verankern und wässern.

Ernte

- Wurzelgemüse ernten und einlagern.
- Rosenkohl ernten.
- Späte Kernobstsorten ernten und einlagern. Mostobst verarbeiten.

Dezember

Pflegearbeiten

- Gartengeräte reparieren und pflegen, Frühbeetfenster streichen.
- Ende Dezember Beginn des Winterschnitts an Gehölzen möglich.
- Barbarazweige schneiden: über Nacht in warmes Wasser stellen und die Schnittstellen mit dem Hammer breitschlagen.
- Immergrüne Gehölze an frostfreien Tagen wässern. Nach starkem Schneefall Schnee abschütteln.
- Gehölze in Balkonkästen und Kübeln mit Frostschutz versehen.
- Obst- und Gemüsevorräte sowie Knollen und Zwiebeln kontrollieren.
- Zimmerpflanzen besonders sorgfältig pflegen: in beheizten Räumen ausreichend gießen, wenn möglich, besprühen. Kübelpflanzen, die im Haus überwintern, kühl und hell stellen, sparsam gießen. Auf Schädlingsbefall kontrollieren.

Aussaat und Pflanzung

- Gehölze können noch gepflanzt werden. Baumgruppen für Frühjahrspflanzung können bei frostfreiem Boden ausgehoben werden.
- Gewächshaus aufräumen und für frühe Aussaaten vorbereiten.

BILDNACHWEIS

fotolia.com: Polina Katritch 4; Mark Markau 7; Morphart 94; iStockphoto.com: Mecaleha 8, 142; pukrufus 11; nocturnus 19, 166; HelgaMariah 23, 138; KeithBishop 33; natsmith1 44; bellott 68; Ortaly 164; mauritius images: 16, 38, 40, 48, 52, 55, 58, 61, 64, 76, 79, 87, 98, 102, 105, 107, 125, 131, 144, 152, 157, 162, 181, 190, 194, 197, 202; Weisl, Bettina: 31, 42, 50, 65, 66, 74, 83, 86, 90, 110, 114, 135, 147, 154, 170, 175, 178, 184, 188, 204, 205, 207, 209, 211